30 JOURS POUR JACTER COMME MÉZIGUE !

Direction éditoriale : Stéphane Chabenat
Éditrices : Zoé Laboret et Charlotte Sperber
Mise en pages et conception graphique : Florence Cailly
Conception graphique de la couverture : olo.éditions

Les Éditions de **l'Opportun**
16, rue Dupetit-Thouars
75003 Paris
www.editionsopportun.com

SYLVAIN VANDERESSE

30 JOURS POUR JACTER COMME MÉZIGUE !

BOLOSS

TEUF

GUIBOLLE

POMPES

CAFETIÈRE

CHELOU

(RE)DÉCOUVRIR LES RICHESSES DE L'ARGOT EN S'AMUSANT !

Préface

À l'heure où tant de médias mélangent tout et pratiquent la rigolade tous azimuts sans une vraie connaissance du français de nos [*per*] (*choisissez l'orthographe qui vous branche le plus*), il est tout à fait top qu'un mec comme Sylvain Vanderesse prenne au sérieux le jeu avec des mots et des tours qui ne sont pas académiques ni standards. Ne dites pas « Encore un bouquin sur l'argot ! », non, c'est une machine à combiner, à chercher, à penser, très précieux instrument d'addition, de soustraction et de distraction pour les pré-alzheimériens que nous sommes tous en puissance à plus ou moins longue échéance. Ce n'est pas non plus un remède contre la langue (ou sous la langue), non, c'est réjouissant, et Sylvain est le digne héritier de... non, je ne vais pas vous sortir de noms, ça risquerait de les précipiter dans la Tombe-Issoire ! Mais il est vrai que parmi les scribouillards branchés sur le domaine, il y a des vrais de vrai et pas mal de faux de faux, qui pratiquent le pompage et l'imitation de Jésus-la-Caille, qui valent pas l'original.

Bon, je cause, je cause, comme Laverdure, le perroquet de Queneau. Il y a mieux à faire, chers amateurs de lettres et de belles-lettres, dont beaucoup n'ont jamais fleuri dans aucune académie (Francis Carco avait tenté de lancer une Académie de l'argot : comme bien des précurseurs, il n'a rencontré sur son chemin que des sourds et des aveugles). On entend parfois dire que l'argot est mort ou, dans le meilleur des cas, démodé. Et ta mère-grand, patate, et tes glorieux ancêtres au parler dru et souvent patois, ils sont démodés ? Toutes choses égales d'ailleurs, tu causes comme eux, avec les modifs du temps qui passe, plus ou moins vite, plus ou moins mal (plus ou moins mâle), etc. Il n'y a pas de coupure dans la langue de tout le monde, il n'y a que des liens, des gommages, des ajouts, des boutures, et chaque secteur, chaque couche sociale, chaque métier, chaque clan se sont formé une façon de s'exprimer bien à eux, que les autres entravent plus ou moins, mais qui garde quand même, à la fin des fins, un parfum original. Y a de l'évolution, y a du changement, ça c'est sûr, mais y a pas de vraie mort des mots. Il y en a même pas mal qui ressuscitent, comme le bouffon, la souvenance et le tramway. Un bel avenir est en train de passer (ou, à votre guise : un beau passé est en train d'advenir) devant nous : sautez dans le wagon, les potes, en écrasant au besoin les arpions des installés. Et remplissez-moi les cases, Bic en main et gamberge en marche, jusqu'à la prochaine station (je vous rassure, y en a bien plus que quatorze !).

Vous m'en direz des nouvelles, et même des anciennes !

À vos neurones ! Merci le levain ! MerSylvain !

Jean-Paul Colin

Linguiste et lexicographe,

Professeur honoraire à l'université de Franche-Comté

Introduction et présentation

Pour se plonger dans ce registre de langue que constituent l'argot, le français populaire ou simplement familier, il ne manque pas d'ouvrages et de dictionnaires, à commencer par ceux de notre préfacier Jean-Paul Colin. Nous avons ici choisi de le faire de manière un peu moins didactique et beaucoup plus ludique. C'est pourquoi nous proposons à la sagacité du lecteur quiz, charades, chenilles, mots croisés et jeux divers.

Ce côté « divertissement » n'est qu'un des volets de l'ouvrage, et il se conjugue très bien, par le biais de notes, commentaires, voire répétitions, avec l'aspect « initiation » ou « approfondissement » : faire découvrir – ou redécouvrir – la fantaisie, le pittoresque, la truculence de l'argot reste l'objectif principal. Certes, les mentalités évoluent, et la langue fait de même, avec peut-être un peu moins d'imagination et d'humour. C'est ainsi qu'un « coup de pied de Vénus » est devenu une « infection sexuellement transmissible », ou qu'une « fleur de pavé » s'est reconvertie en « travailleuse du sexe » !

L'argot utilisé est traditionnel et assez courant, c'est celui des *Tontons flingueurs*, de *La Méthode à Mimile* de Boudard, de Le Breton, Simonin, San-Antonio, Queneau, Perret...
Le verlan et les « nouveaux argots » maniés à la perfection par les jeunes d'aujourd'hui y tiennent un peu moins de place, en raison de leur grande versatilité, de la non-lexicalisation de nombreux termes, de l'excessive diversité des graphies...

Pour l'un ou l'autre de ces jeux, il convient d'avertir le lecteur que le ton de la langue verte est volontiers moqueur, machiste, sexiste, raciste, homophobe... L'auteur tient à préciser, comme il le fait toujours, qu'il ne partage en aucun cas ces « valeurs ».

En conclusion, puisse ce modeste recueil contribuer à ce que perdurent l'inventivité, la verve, les figures de style, les richesses et subtilités d'une langue, certes peu académique, mais que n'ont pas dédaignée tant de nos illustres auteurs, à commencer par Villon, Rabelais, Balzac, Hugo, Sue, Zola... !

Quiz

À partir d'un terme, d'une expression, d'un concept en français conventionnel, plusieurs équivalents possibles sont proposés en langue verte, dont un intrus. Chaque proposition est illustrée d'un exemple destiné à familiariser le lecteur avec les mots les plus courants de l'argot.

Pour ce faire, un lexique de base, pour chaque quiz, est présenté sous forme d'encadré.

Les solutions à retrouver à la fin de ce livre, sont suivies de remarques éventuelles à propos des autres choix.

Charades

Pour se familiariser graduellement avec la langue verte, il est proposé au lecteur des charades à double niveau, dont le premier, en français correct, est assez aisé.

Vient ensuite la version en français non conventionnel, un peu moins évidente.

Chenilles

Elles sont un peu plus difficiles. Comme les chenilles processionnaires, les mots peuvent fort bien constituer une chaîne qu'on peut indifféremment parcourir dans un sens ou dans l'autre. À partir de définitions, le jeu consiste à la descendre (ou la remonter).

Ces chenilles sont davantage fondées sur la phonétique que sur l'orthographe : c'est ainsi qu'un éléphant peut fort bien amener un *fendard* (un pantalon). Pire encore, une *palanquée* (un grand nombre) peut entraîner à sa suite un *caissier* ! Ces invraisemblances de l'orthographe et de la prononciation du français – qui font aussi sa richesse – ont de quoi laisser perplexe l'étranger débutant dans notre langue !

Mots croisés

Ces mots croisés en français non académique sont originaux à deux titres.

D'abord, ce langage n'est pas le plus courant dans ce genre de production : sans même parler de l'argot, le français populaire ou simplement familier n'y a guère droit de cité.

Puis, ces grilles, tout en se voulant divertissantes – humour, astuces, double sens – poursuivent aussi un autre dessein, plus pédagogique, qui se manifeste par l'abondance des notes historiques ou étymologiques.

Jeux divers

Anagrammes, mots troués, mots mystères, rébus, devinettes, « Le saviez-vous ? » émaillent de-ci de-là l'ensemble de l'ouvrage.

Jour 1

Le saviez-vous ?

Une **barbouze** était à l'origine une simple barbe, nantie d'un suffixe argotique, mais le film de Lautner (1964) l'a transformée, par métonymie, en un agent secret censé la porter.

Rébus

Quels mots d'argot se cachent derrière ces deux rébus ?

Mot 1 : ....

Mot 2 : ....

....

....

Mots en argot : trouvez l'intrus !

Parmi ces désignations argotiques d'un policier, s'est faufilé un faussaire :

Bourre – Condé – Dreauper – Flic – Keuf – Lardu – Perdreau – Poulaga – Poussin – Schmitt

Expressions argotiques : trouvez l'intrus !

QUIZ N° 1
Fatigue ou *coup de pompe*

Question fatigue, on peut être simplement *flagada* ou complètement *lessivé*. Parmi ces autres équivalents, vous n'éprouverez probablement pas un gros *coup de barre* pour trouver l'intrus :

VOCABULAIRE
Avaler sa chique : mourir
Brutal : métro
Carat : année d'âge
Chiard : enfant
Condé : policier
Courette : course-poursuite
Crèche : maison, domicile
Derche : postérieur
Dur : train
Flagada : fatigué
Journanche : journée
Levée du corps : réveil
Meuf : femme (verlan)
Pogne : main
Raplapla : fatigué, sans énergie
Tromé : métro (verlan)

Utilisez la grille de vocabulaire pour vous aider.

❑ 1. *à ramasser à la petite cuiller* : si la vieille Mélanoche doit grimper deux fois dans la journanche à sa crèche au septième, et sans ascenseur, le soir, elle est **à ramasser à la petite cuiller**.

❑ 2. *être sur les rotules* : après avoir semé, au terme d'une courette infernale dans les couloirs du tromé, les condés qu'il avait au derche, Dylan était **sur les rotules**.

❑ 3. *en avoir plein la hotte :* après deux plombes de dur, puis de brutal et huit de turbin, la bouffe et les devoirs du chiard, Flo, quand elle se pieute, en a plein la hotte.

❑ 4. *être au bout du boulot* : raplapla dès la levée du corps, le vieil Aristobule, avec ses 85 carats, sentait bien qu'il allait avaler sa chique : il était **au bout du boulot**.

❑ 5. *à ramasser au papier buvard* : en faisant le semi-marathon d'Oloron, le vieux beau avait voulu en boucher un coin à sa jeune meuf, mais à l'arrivée, il était claqué et **à ramasser au papier buvard**.

❑ 6. *être hachesse* : une chiasse carabinée avait laissé l'instit complètement **hachesse** durant plusieurs jours : les morveux se frottaient les pognes !

Charade 1

Version 1

Mon premier n'est pas mauvais.

....

Mon deuxième est un poisson de mer.

....

Mon troisième peut servir à coudre.

....

Mon tout équivaut à fumer beaucoup.

....

Version 2

Mon premier n'est pas dégueu.

....

Mon deuxième se produit souvent pour son matricule.

....

Mon tout équivaut à cloper un max.

....

Mots cachés

GREEBER...

Mot d'argot pour épouse

....

FOULESTIM...

Pour désigner une situation très critique

....

Mots croisés GRILLE N°1

	1	2	3	4	5	6	7	8	9	10	11	12
I												
II												
III				■								■
IV					■			■				
V						■				■		
VI		■										
VII							■					
VIII			■		■				■			■
IX		■						■				
X												

HORIZONTALEMENT

I. Elles ont été baptisées avec une queue de morue.

II. Laissent entendre plus que ce qu'elles disent.

III. Un commissariat où l'on fait la bombe ? S'est dit d'un bouclier qui n'était pas fiscal.

IV. Il est friand de lardons. Chef de file. Gaillard.

V. Il est constipé du morlingue. Régulière de Jacob. Une demi-douzaine chez César.

VI. Elles font rôtir leur viande sur la plage.

VII. Genre de lardeuss. Un mec bien désemparé.

VIII. Note de frais. Célèbre pour son corbeau. Arrivée à terme.

IX. Ses fables ne peuvent être considérées comme des bobards. Raconte des craques.

X. Il n'a pas forcément un culot d'acier.

VERTICALEMENT

1. C'est souvent qu'elles ont les godasses à bascule.

2. Grande cuvette de Russie. En plein milieu.

3. Gambille de Hongrie. Petit blaze d'Amerloc.

4. Mot pour rire. Rend plus sexy.

5. Prépare le gratin. Refaite. Aux sources de l'Orénoque.

6. Racolage. Mastoc ou difficile.

7. Rabaissé. Moyen de locomotion à rames.

8. Fait ce qu'il faut pour distraire. Des panards de banlieue.

9. Une sorte d'épectase exotique. Chanterelle.

10. Dans les trois plombes de l'aprème. Des palanquées.

11. Il est provoqué par celui qui vous pompe l'air.

12. Glass final. Picole. Au bout du compte.

Chenilles

SUR LE THÈME DE...

La carcasse : le corps humain

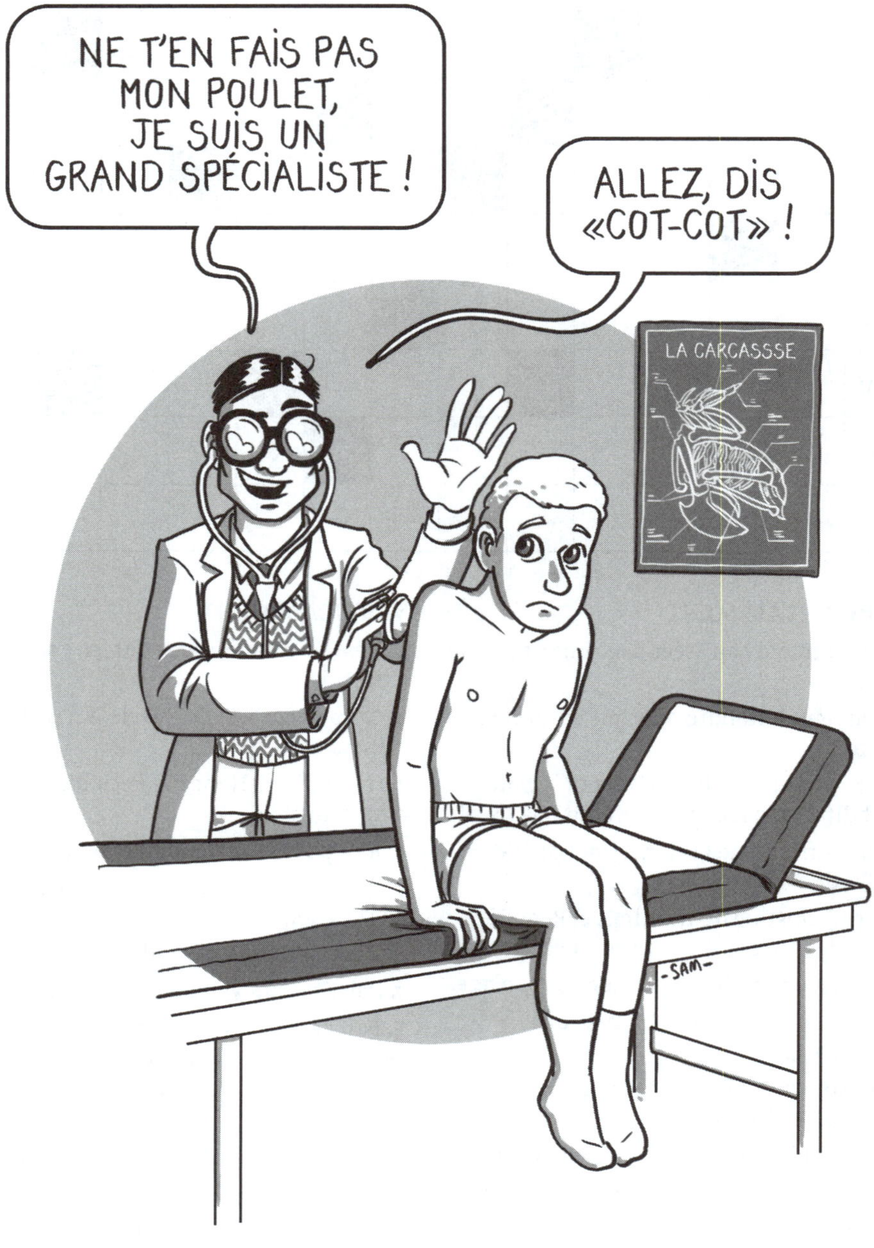

Chenille n°1

1. On l'utilisait autrefois pour « bile ».

....

2. Vous avez votre paluche à son extrémité.

....

3. Un des nombreux autres noms de l'œil de bronze.

....

4. Il se suce comme un bonbon.

....

5. Membre viril mais postiche.

....

6. Une tronche retournée.

....

7. Visage familier.

....

8. Une tête de jardinier.

....

Chenille n° 2

1. Colonne sur laquelle on ne se tape pas.

....

2. Il branle dans votre margoulette.

....

3. Il se tape la cloche à la même table que vous.

....

4. Des doigts à allure de légumes.

....

5. Prose bien peu littéraire (et masculin !).

....

6. Maigrit.

....

7. Vous y nouez votre cravetouse.

....

8. Elles surplombent votre clapoir.

....

Version

Salmigondis de jars, miscellanées d'argot ! Traduisez cette phrase argotique en français correct :

On disait autrefois que les courtines étaient le « tombeau des harengs ». C'est vrai qu'ils y claquaient une bonne partie de la thune que leur rapportaient leurs pouliches.

....

....

....

Le dico de l'argot

Mots à relier

À loilpé •	• Appréhender, arrêter
Abricot •	• Nu
Aligner •	• Bras
Allonge •	• Américain
Alpaguer •	• Punir
Amerloc, Amerluche •	• Vulve
Amortisseur •	• Bien manger
Amygdales (se caler les) •	• Sein

Jour 2

Le saviez-vous ?

Avant d'être une injure, le mot **con** a désigné le sexe de la femme (du latin *cunnus*). Brassens s'est indigné d'une postérité aussi peu glorieuse, mais Aragon a célébré, en 1928 et sous le manteau, le « con d'Irène ».

JOUR 2

Rébus

Quels mots d'argot se cachent derrière ces deux rébus ?

Mot 1 : ....

Mot 2 : ....

....

....

Mots en argot : trouvez l'intrus !

Parmi ces désignations des seins, il s'en trouve une farfelue :

Airbags – Avant-scène – Avertisseurs – Balcon – Doudounes – Flotteurs – Montgolfières – Nibards – Pare-chocs – Roberts

Expressions argotiques : trouvez l'intrus !

QUIZ N° 2

Exagérer ou *chariboter*

La sardine qui a bouché le port, ou le *tarbouif* de Cyrano, montre assez la volonté d'*en rajouter*, et même *d'en faire* carrément *trop*. Parmi ces autres équivalents de l'exagération, un y va quand même un peu fort :

VOCABULAIRE
Arpète (ou arpette) : apprenti
Carcasse : corps humain
Cureton : curé
Groumer : protester
Jaune : apéritif anisé
Journaleux : journaliste
Ligoter : lire
Loufiat : serveur, garçon de café
Tarbouif : nez

Utilisez la grille de vocabulaire pour vous aider.

☐ **1.** *attiger la cabane* : Nico à Sam : « Y **z'attigent** quand même, à la téloche ! Y n'ont plus que deux sujets d'émission : les experts de mes deux en Covid, et la météo ! »

☐ **2.** *cherrer dans les bégonias* : Tartarin, dit Dédé à Jojo, le loufiat : « Y **cherrait** un peu **dans les bégonias**, avec ses histoires de chasse au lion. »

☐ **3.** *pousser pépère dans les orties* : à l'apéro : « Un cèpe de 5 kilos 200, groume Jojo à l'adresse de **Gros-Jean**, faut quand même pas **pousser pépère dans les orties !** On voit ça qu'à Marseille ! »

☐ **4.** *chier dans la colle* : sur le chantier, le contremaître à l'arpette : « Deux brouettes de ciment, c'est tout ce que t'as gâché à ta matinée ? Faut quand même pas **chier dans la colle !** »

☐ **5.** *en faire des tonnes* : devant leur sixième jaune, Riri et Gégé taillent le bout de gras : « Pour des faits divers de merde, y a toujours des journaleux qu'en **font des tonnes** ! – Oui, pis c'est nous qui les ligotons ! »

☐ **6.** *pousser le bouchon* : « T'as des animalistes qui **poussent le bouchon** un peu loin ! Faudrait que je laisse les limaces bouffer mes laitues sous prétexte de bien-être animal ! »

Charade 2

Version 1

Mon premier est un individu quelconque.

....

Mon deuxième feuillette.

....

Mon troisième a des flatulences.

....

Mon tout consiste en des ébats amoureux.

....

Version 2

Mon premier est un zigue comme vous et moi.

....

On utilise mon deuxième pour pioncer.

....

Mon troisième envoie une perlouze.

....

Mon tout est le jeu de la bête à deux dos.

....

Mots troués

La tête est rendue par une foule de métaphores, souvent fruitières, potagères, ménagères.

En voici 6 :

C _ F _ _ _ _ _ R E

_ A L _ B _ _ S _

C _ _ A F _ _

_ _ T _ O _

_ _ I R _

T _ R _ _ N _

Mots croisés GRILLE N° 2

	1	2	3	4	5	6	7	8	9	10	11	12
I												
II												
III												
IV			■			■					■	
V					■							■
VI								■				
VII						■						
VIII								■				
IX					■		■					
X									■			

HORIZONTALEMENT

I. Prose bien peu littéraire (deux mots).

II. Passerait entre un mur et une affiche sans la décoller.

III. On les planquait autrefois sous son matelas.

IV. Dénégation britiche. Régal de pékinois. Œil de bronze.

V. Vieux papelards. Situations d'un étang qui se retrouve sans flotte.

VI. Qui n'est donc plus dans les vapes. Un vrai bide.

VII. Des broutilles. Château en Espagne.

VIII. Marcher dans les godasses d'un mort. On s'y consacre au crochet.

IX. Sa prune ne se paye pas au Trésor public. Qui a perdu son chef.

X. En rapport avec certains zefs. Du piquant.

VERTICALEMENT

1. Empêche l'arrivée des Anglais.

2. Faisaient la retape.

3. Haut lieu de carnaval. Sans ressort.

4. Elles sont le fait de salopards.

5. Dieu spécialiste de la pastiquette. Blenno, castapiane, syphilo…

6. Noyau d'abricot. Un aède débutant. Gros temps.

7. Amateur de viande à pneu.

8. Des cageots, des tréteaux… Préposition.

9. Frometon qui trouve parfois plus fort que lui.

10. Examens de l'entrée de service.

11. Une tapineuse dans son milieu. Sourd, mais pas sourdingue.

12. Fit beaucoup contre la contrebande d'antigel. Dans cette situation, on continue à se peler le jonc.

SUR LE THÈME DE...
La bouffe et la picole : nourriture et boisson

Chenille n° 3

1. Se garnir le buffet.

....

2. Cette boutanche de champe contient 3 litres environ.

....

3. Qui a suivi un régime jockey.

....

4. Il en faut pour se payer une bonne bouffe.

....

5. On le trouve en pâtisserie (mais aussi sur le pare-brise de votre bagnole !). ....

....

6. C'est lui qui s'occupe de la bectance.

....

7. Apéro anisé mêlé à de la grenadine.

....

8. Mets composé de poiscaille, de rouquin et d'oignons.

....

Chenille n° 4

1. Un blanc qui peut vous rendre noir.

....

2. Boisson qui ne risque pas de vous taper sur le système.

....

3. Un picrate rouge du Lot qui, lui, peut vous arrondir.

....

4. Tout petit piaf, mais mets de choix.

....

5. Pompons.

....

6. Éméché.

....

7. Bourré comme un coing.

....

8. Le greffier de Margot s'y adonnait chez Brassens.

....

Le dico de l'argot

Mots à relier

Bagatelle •	• Délateur
Balance •	• Gros cigare
Banquer •	• Échec, insuccès
Barbaque •	• Viande
Barreau de chaise •	• Sot, stupide
Bas de plafond •	• Bouteille de vin rouge
Betterave •	• Voiture haut de gamme
Bide •	• Amour physique
Bite à roulettes •	• Ivrogne
Biturin •	• Payer

Jour 3

Le saviez-vous ?

Le mot **thune**, si couramment employé dans le langage des jeunes, était déjà utilisé en 1628 et désignait alors une aumône.

Rébus

Quels mots d'argot se cachent derrière ces deux rébus ?

Mot 1 : ....
....

Mot 2 : ....
....

....

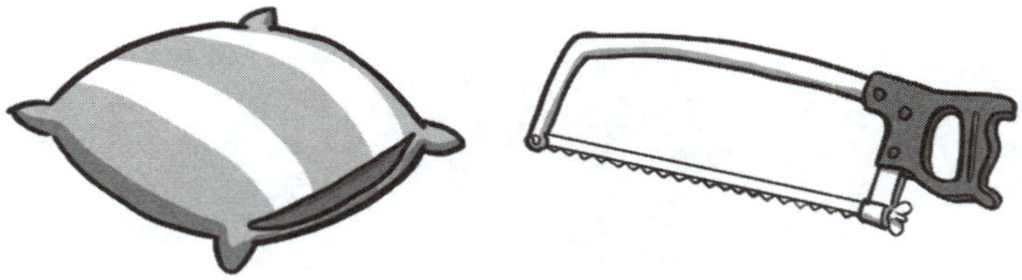

....

Mots en argot : trouvez l'intrus !

Il existe un grand nombre de synonymes argotiques pour « manger ». Parmi les suivants, un est particulièrement indigeste :

Becter – Boulotter – Boustifailler – Briffer – Claper – Grailler – Jaffer – Mastéguer – Prouter – Tortorer

Expressions argotiques : trouvez l'intrus !

QUIZ N° 3
Lassitude ou Y en *a marre* !

N'en jetez plus, la cour est pleine, *basta*, ça suffit comme ça ! braillez-vous à pleins soufflets quand vous en avez assez d'un type *relou* ou d'une situation qui vous énerve. Voici quelques autres expressions, dont une, fantaisiste, ne mettra pas longtemps votre patience à bout :

VOCABULAIRE
Botte (proposer la) : faire des avances à une femme
Casquette en plomb : migraine consécutive à des excès de boisson
Céfran : français (verlan)
Frelot : frère
Jacter : parler
Relou : lourd, importun (verlan)
Saxo (passer un) : réprimander
Soufflet : poumon
Téci : cité (verlan)

Utilisez la grille de vocabulaire pour vous aider.

☐ **1.** *en avoir ras le bol* : six fois recalée, Simone en avait **ras le bol** du permis de conduire et du moniteur. Un jour qu'il lui demandait de lever le pied, elle lui répondit : « Et dites : je le jure ! » Et elle le plaqua là !

☐ **2.** *en avoir sa dose* : à la mi-temps, l'entraîneur passe un saxo carabiné à l'arrière-droit : il **en a sa dose** d'un joueur qui marque une fois sur trois contre son camp !

☐ **3.** *en avoir sa claque* : Alyson commençait à **en avoir sa claque** d'un mec qui lui proposait la botte dès qu'il la voyait en petite tenue dans la carrée ou même sortir des gogues !

☐ **4.** *en avoir class* : les chercheurs de termites qui se pointaient tous les jours à sa crèche, Gaston commençait à **en avoir class** ! Le prochain coup, il leur ferait bouffer, leurs prospectus !

☐ **5.** *en avoir jusque-là* : Germaine **en avait jusque-là** de son pochetron de bonhomme : une casquette en plomb au réveil, à moitié rond pour midi, complètement givré à l'apéro et au 421 du soir !

☐ **6.** *en avoir ras les baskets* : le jeune Mouloud **en a ras les baskets** de son prof de céfran, ce qu'il veut, lui, c'est jacter la langue de la téci, comme ses grands frelots.

Charade 3

Version 1

Mon premier peut se dire d'un itinéraire.

....

Mon deuxième représente l'ensemble.

....

Le Graal a eu ma troisième.

....

Mon tout est un pénis à connotation plutôt enfantine.

....

Version 2

Mon premier se dit d'un bricheton de couleur grise.

....

Mon deuxième sort de vos éponges.

....

Le ratichon n'est pas toujours satisfait de mon troisième.

....

Mon tout peut être dessiné dans les gogues d'une cour de récré.

....

Anagramme

DEPART

Prenez un bon départ en transformant ce mot, au choix en popotin, en joint ou en rogne, selon votre idée !

....

....

Mots croisés GRILLE N° 3

	1	2	3	4	5	6	7	8	9	10	11	12
I												
II										■		
III					■							
IV							■					
V			■							■		■
VI				■								
VII						■					■	
VIII							■					■
IX								■				
X				■						■		

HORIZONTALEMENT

I. Sans être casuistes, ils sont surtout connus pour leurs disputes.

II. Coucou aussi à l'aise en l'air qu'en mer. Au bout du rouleau.

III. Qui a de la bouteille. Il en est.

IV. Loin d'être culotté. Nettement orientées.

V. Premier toutes catégories. État auquel parvient l'effeuilleuse.

VI. Typographe inconnu à l'imprimerie. Pétardier.

VII. Son oseille est appelée cedi. Redoublent d'activité après une grande bouffe.

VIII. Se dit d'un zinc où les clients sont généralement nombreux. Caractéristique du beauf.

IX. Fait comme un rat. Dans des fouilles actuelles.

X. Dans le nom d'un bled de Catalogne. Pour remettre des rigolos à leur place. Noyau de prunes.

VERTICALEMENT

1. Coups de jus.

2. Il s'interpose dans la discussion sans être inconvenant.

3. Même motif, même punition. Figure de gym.

4. Ralentit la poussée du champignon. S'inscrivit en faux.

5. Milieu de gamme. Teuf régionale.

6. Ville espingouine des Asturies. Cardinal de Lyon.

7. Auteure sulfureuse de *Vénus Erotica*. Sourcils plus qu'à moitié épilés. Repassé.

8. Qui ne fait pas dans le ringard.

9. Qui manquent d'entraînement.

10. Note de la rédaction. Cave biblique.

11. On se le prend quand on se fait envoyer paître. Vous êtes cuit si vous en abusez.

12. Soutiens. Grecque. Borne de signalisation.

SUR LE THÈME DE...
Poulets et faisans : policiers et délinquants

Chenille n° 5

1. Suspect.

....

2. Jeune asocial (ou variété de clébard).

....

3. À lui non plus, on ne demanderait pas l'heure.

....

4. Nom d'un poisson d'eau douce pour le « protecteur » de ces dames.

....

5. Ce jeu de trois brêmes est interdit en France sur la voie publique.

....

6. Même homo, il ne pense qu'à sa belle.

....

7. Commissaire de police ou simple keuf.

....

8. On le brûle quand on n'a pas payé son titre de transport.

....

Chenille n° 6

1. Ce qu'est évidemment un cambrio dans une villa.

....

2. Un autre nom pour le malfrat.

....

3. Elle est destinée à vous pigeonner.

....

4. Revolver (ou colère, fessier, joint...).

....

5. Le même, mais en verlan.

....

6. Jeune voyou, faisant naturellement partie de la pègre.

....

7. Il est toujours risqué, pour ses complices, d'y conduire un braqueur blessé.

....

8. En jonc, elle est toujours convoitée par le voyou.

....

Le dico de l'argot

Mots à relier

Cabane •	• Pierre précieuse
Cadavre •	• Bouteille de vin vide
Château-Lapompe •	• Soleil
Cagnard •	• Journal
Casquette en plomb (en zinc) •	• Maison
Casbah •	• Mourir
Caillou •	• Prison
Caner •	• Eau du robinet
Canard •	• Se passer, être privé de
Ceinture (faire) •	• Lendemain d'excès de boisson

Jour 4

Le saviez-vous ?

Autrefois, les bouchers de La Villette avaient leur langage, **le louchébem**, une forme de *largonji* consistant à renvoyer à la fin du mot la consonne initiale, à la remplacer par un « l » et à adjoindre le suffixe **-ém**.

À vous de jouer ! Essayez donc cette phrase en louchébem !

Le *louchébem*, *parti lissépem*, loupe une cliente intéressée par un *lambonjem*, qu'elle trouvait moins *lerchem* qu'ailleurs.

Rébus

Quels mots d'argot se cachent derrière ces deux rébus ?

Mot 1 : ....

Mot 2 : ....

....

....

....

Mots en argot : trouvez l'intrus !

Parmi une foule d'expressions concernant la masturbation masculine, en voici quelques-unes, dont une tout à fait fantaisiste :

Agacer le sous-préfet – Avoir affaire à la veuve Poignet – Étrangler Popol – S'allonger le salsifis – S'astiquer le candélabre – Se faire une pogne – Se mettre à cinq contre un – Se palucher – Se polir le chinois – Se taper une pignole

Expressions argotiques : trouvez l'intrus !

QUIZ N° 4
Certitude ou *comme deux et deux font quatre*

Quand vous avez acquis une certitude, que vous en êtes sûr à cent pour cent, vous en mettriez bien *votre main à couper* (voire *au feu*). Parmi ces autres expressions, s'en est glissée une, loin d'être garantie :

VOCABULAIRE
Because : parce que (anglicisme)
Bonnir : dire, parler
Cambriot : cambrioleur
Citron : tête
En deux coups les gros : très vite
Fumeron : pied
Jeté : ivre
Keuf : flic (verlan)
Nib : rien, pas de
Quille : jambe
Teuf : fête (verlan)
Total : complètement

Utilisez la grille de vocabulaire pour vous aider.

- ❑ **1.** *c'est du tout cuit* : « Un coup comme celui-là, bonnit Clyde à sa meuf, **c'est du tout cuit** ! Proprios en cure, voisins absents, nib de clébard et d'alarme ! On va vider le pavillon en deux coups les gros ! »

- ❑ **2.** *garanti sur fracture* : à force de trafiquer les comptes, le trésorier des « Germanophiles périgourdins » devait s'attendre à une sévère querelle d'Allemand, **c'était garanti sur fracture** !

- ❑ **3.** *officiel* : « **Officiel** ! dit Alfred à Arsène, cette année, y aura pas plus de festival de marionnettes que de beurre en broche. – Because ? – La commune n'a plus un rond. »

- ❑ **4.** *c'est couru* : **c'était couru** qu'après s'être tordu un fumeron en sautant de la fenêtre, le cambriot n'allait pas pouvoir échapper aux keufs qu'il avait sur le râble.

- ❑ **5.** *c'est dans la fouille* : à la plage : « La nana en soutif rouge qui joue au badminton, j'ai le ticson avec. On se voit ce soir à la disco, **c'est dans la fouille** ! »

- ❑ **6.** *c'est affiché* : avec ce qu'il venait d'écluser, **c'était affiché** que Dédé ne pourrait pas terminer la partie de quilles : il ne tenait plus sur les siennes !

- ❑ **7.** *ça fait pas un pli* : au saut en hauteur : « La nénette qui se pointe, là, elle passera pas 1 m 70, **ça fait pas un pli** ! Je l'ai vue faire la teuf en boîte cette nuit, elle avait l'air total jetée. »

- ❑ **8.** *réglé comme du papier à musique* : « Un intello comme tézigue, avec tout ce que t'as dans le citron, c'est **réglé comme du papier à musique**, ton concours de douanier ! »

Charade 4

Version 1

Mon premier est publié avant le mariage.

....

Mon deuxième est de la terre détrempée.

....

Mon troisième donne le ton.

....

Mon tout est une partie de plaisir.

....

Version 2

On peut poser un derche sur mon premier.

....

Mon deuxième est une anguille de caleçon.

....

Mon troisième en a plein les bottes.

....

Mon tout est une bonne ribouldingue.

....

Devinette

À cheval sur les XIXe et XXe siècles, de grands poètes ont célébré l'argot dans leurs œuvres.

Parmi ces auteurs, un n'est pourtant pas dans ce cas :

a) Jean Richepin

b) Jehan-Rictus

c) Paul Claudel

d) Aristide Bruant

....

Mots croisés GRILLE N° 4

	1	2	3	4	5	6	7	8	9	10	11	12
I												
II						■				■		
III												
IV			■					■				
V							■			■		
VI			■						■			
VII					■							
VIII			■			■			■			
IX				■								■
X									■			

HORIZONTALEMENT

I. Pas forcément heureuse d'être dans les bras de Morphée.

II. On dit que son haleine est proche de celle du chacal. En Suisse. Dans la terrine.

III. Qui vous mettent les crochets en fête.

IV. Au bout du calibre. Vadrouille de manière suspecte. Tous les greffiers s'y ressemblent.

V. Vend ses canards même quand il fait froid. Centre d'assistance. À bibi.

VI. Terme de scout. Égoutte la sardine. De peu d'intérêt pour le ru.

VII. Chevilles qui ne sont pas censées enfler. Dieu de la riflette dans le judaïsme.

VIII. Dans le vent. Terme d'argotier. À voile et à vapeur. Point de nos grand-mères.

IX. Tokyo autrefois. Il était de mèche avec les Fridolins.

X. La garance de nos poilus de 14 en est une. Pour préparer le gratin.

VERTICALEMENT

1. C'est loin d'être un grand couteau.

2. Le moins qu'on puisse dire, c'est qu'il est sous pression.

3. On y apprend un taf. Bout de zob.

4. Qui coûte un bras.

5. Son cheval est un récidiviste. Au cœur de l'Afrique.

6. Petit blaze arabe assez courant. Un vioc en fin de course.

7. Ce que fait parfois le rire. Sert à vider la flotte du canot.

8. Envahissent les bois à l'automne. Le manchard la présentait autrefois.

9. Pas rébarbatif.

10. Désapé. Elle est drôlement bien foutue.

11. Pifomètre.

12. Lardoire de voyou.

Chenilles

SUR LE THÈME DE...
Bagatelle et galipettes : plaisirs des sens

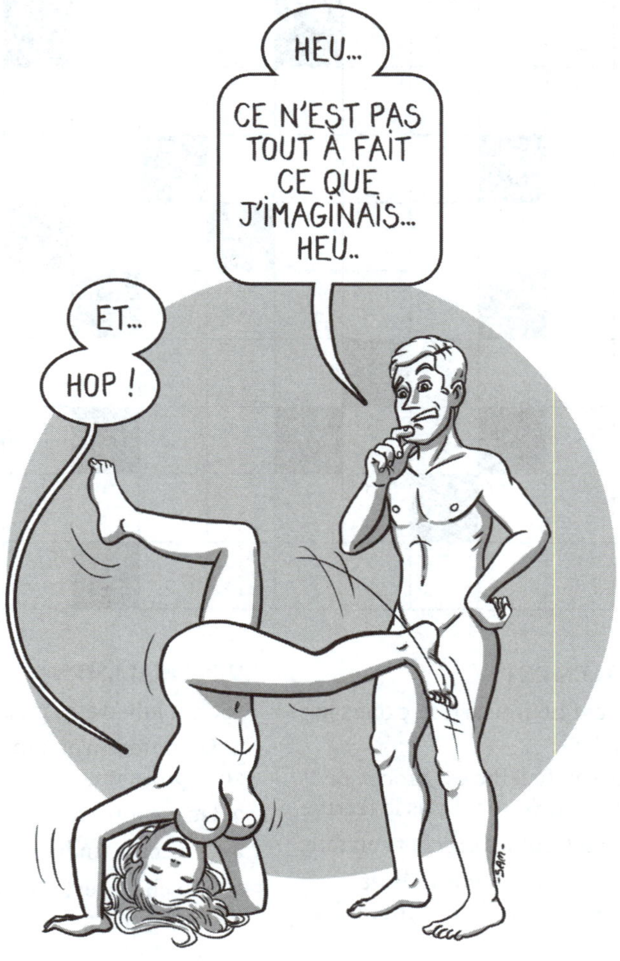

Chenille n° 7

1. Une chance de cocu.

....

2. Fellation (ou courtoisie en français honnête).

....

3. Ils mènent parfois une danse effrénée à l'entrée de la salle des fêtes. ....

4. Se dit d'une raie introuvable à l'étal du poissonnier.

....

5. Amortisseurs plantureux.

....

6. Le dragueur s'en sert pour baratiner.

....

7. Prêtresse de Sapho.

....

8. Sa cravate consiste à se masturber entre les seins de sa partenaire.

....

Chenille n° 8

1. Rend plus onctueux un abricot sec.

....

2. Étreinte.

....

3. Leur arrivée vous empêche, Monsieur, de mener le petit au cirque.

....

4. Autre nom du trottoir et de la prostitution.

....

5. Sexy, en parlant d'une meuf.

....

6. Jonction de brancards, objet de toutes les convoitises.

....

7. Faire l'amour grossièrement (même dans une ornière).

....

8. Faire l'amour, tout simplement.

....

Le dico de l'argot

Mots à relier

Dalle (avoir la) •	• Partir rapidement, s'enfuir
Décaniller •	• Se dévêtir
Décarpiller (se) •	• Avoir très faim
Déchard •	• Misérable
Dégelée •	• Payer
Dérouiller •	• Train
Détendu du gland, de la nouille •	• Prendre des coups, avoir mal
Douiller •	• Bonne correction
Drapeau •	• Dette
Dur •	• Calme, tranquille

Jour 5

Le saviez-vous ?

Parmi bien d'autres noms, la **guillotine** a été appelée « bascule à Charlot » parce que Charles fut le prénom d'une longue lignée de bourreaux, les Sanson.

Rébus

Quels mots d'argot se cachent derrière ces deux rébus ?

Mot 1 : ....

Mot 2 : ....

....

....

Mots en argot : trouvez l'intrus !

Parmi cette brochette de synonymes argotiques de « pantalon », s'est incrusté un farceur :

Ben – Bénard – Culbutant – Falzar – Fendard – Fourreau – Frac – Futal – Grimpant – Pattes d'eph

Expressions argotiques : trouvez l'intrus !

QUIZ N° 5
Désinvolture ou *être gonflé*

On peut fort bien avoir un sacré toupet sans avoir *un seul poil sur le caillou*. Parmi ces autres images de l'effronterie ou de l'impudence, une fait quand même preuve d'un certain sans-gêne.

VOCABULAIRE
Casser : cambrioler
Colon : colonel
Crapaud : porte-monnaie
Décarrade : sortie
Engourdir : voler
Gringue (faire du) : courtiser
Longe : année (durée seulement)
Monte-en-l'air : cambrioleur
Parc des refroidis : cimetière
Trou : prison

Utilisez la grille de vocabulaire pour vous aider.

- ❑ **1.** *ne pas manger d'air* : y **mangeait pas d'air**, le monte-en-l'air : y avait pas un mois qu'il avait cassé la villa, et il s'y repointait ! Pour voir si l'assurance avait remboursé ?

- ❑ **2.** *avoir une santé* : **il fallait une** sacrée **santé** à Max pour s'envoyer la gonzesse de Bob pendant qu'il était au trou ! Surtout à une longe de la décarrade.

- ❑ **3.** *être chié* : à l'enterrement : « **T'es** quand même **chié**, Nico, d'engourdir son crapaud à la frangine du macchab', en plein parc des refroidis ! – Y dépassait du sac, il allait tomber. »

- ❑ **4.***avoir un culot d'acier* : pour un homme politique, il faut avoir **un culot d'acier** pour nier, peinard, à tous les micros, des faits que tout le monde sait avérés.

- ❑ **5.** *ne pas manquer de souffle* : le président du jury au candidat : « **Vous ne manquez pas de souffle**, jeune homme, pour vous présenter à un entretien d'embauche en empestant le pastis ! »

- ❑ **6.** *avoir de l'estome* : un bidasse au chauffeur du colon : « Le colon a beau t'avoir à la bonne, faut **avoir de l'estome,** pour faire du gringue à sa bergère ! – T'inquiète, c'est elle qu'a commencé ! »

- ❑ **7.** *ne pas s'emmerder* : dans la file d'attente au concert de Rihanna : « Eh ! **tu t'emmerdes pas**, la meuf ! À la queue comme tout le monde ! – Tu vois pas que j'suis en cloque jusqu'aux ouïes ! »

Charade 5

Version 1

Mon premier peut apparaître dans une adresse postale.

....

Mon deuxième fait partie de la cage thoracique.

....

Mon troisième se passe dès potron-minet.

....

Mon tout est un muscle.

....

Version 2

Mon premier peut figurer dans l'adresse de votre crèche.

....

On a mon deuxième quand on plaît à quelqu'un.

....

Il vaut mieux ajouter mon troisième dans un pastaga.

....

Mon tout prouve que vous êtes balèze.

....

Anagramme

MALICE

Transformez malicieusement ce mot en une chemise (ou un mollusque) !

....

....

Mots croisés GRILLE N° 5

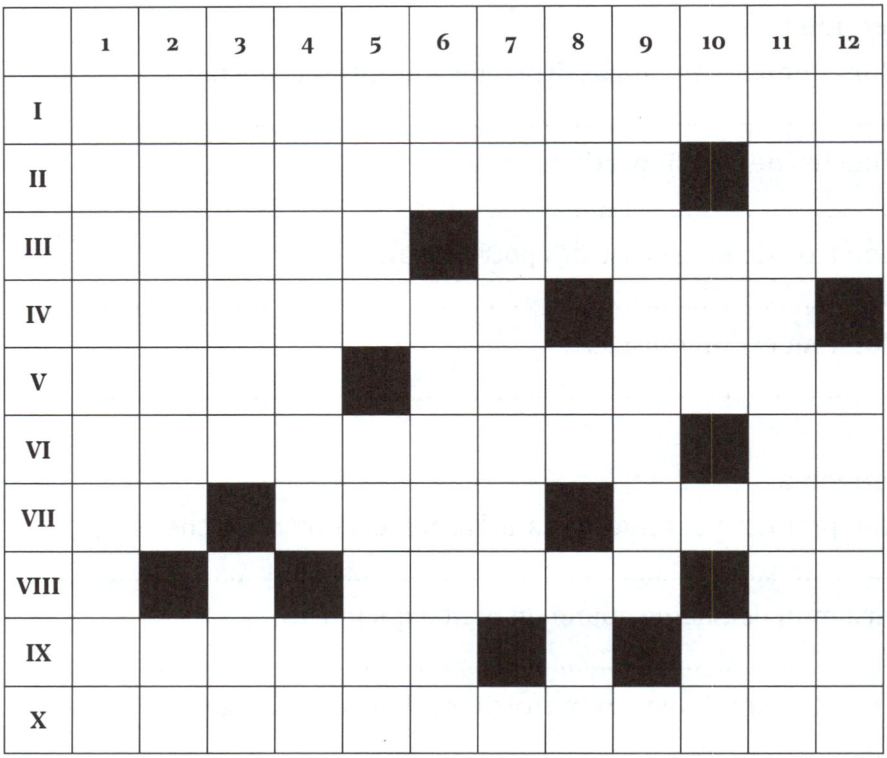

HORIZONTALEMENT

I. Pratiques du cireur de pompes.

II. Elle en tient une couche. Dans la fiole.

III. Blase peu courant, ou l'une des Trois Grâces. Elle était censée, Madame, vous aider à momignarder.

IV. Il est convoité par le vieux birbe. Poids lourd mais pas gros cul.

V. Rectifiée. Un sérieux coup de canif dans le contrat.

VI. La substantifique moelle. Dans l'Ariège, pour soigner votre sciatique.

VII. Cadre de réserve. Convienne. Idéal pour faire un carton.

VIII. Un vieux croûton. Le même tabac.

IX. Le territoire d'un caïd. On lui attribue la première biture.

X. Elles sont à éviter dans le boudin.

VERTICALEMENT

1. Le lèche-cul en fait grand usage.

2. C'est elle qui vous loue votre turne. Grecque.

3. Leurs tarins sont assez trapus. On l'allonge quand on douille plus que prévu.

4. Pourvues en sardines. Petit Père.

5. A le bras long en Europe de l'Est. Il est blotti dans le soutif.

6. Faisait suer le scribe. S'en prend à vos osselets.

7. Il vous en fait voir de toutes les couleurs.

8. Bled des Pays-Bas. Bout de bidoche. Demande de rabiot.

9. Redonne à certains cailloux un autre aspect.

10. Personnel. Un drame au Japon.

11. Elle est toujours faite à la louche.

12. Auteur des Mystères de Paname. Grands départs.

Chenilles

SUR LE THÈME DE…
Dadas et jobs : passe-temps et travail

Chenille n° 9

1. Indispensable sur le billard (mais pas un bistouri).

....

2. Variété de charbon, ou job.

....

3. On y fait un carton (ou plusieurs).

....

4. Glissade pour lardons.

....

5. On y tricotait des gambettes.

....

6. Nettement plus accueillant au salon qu'à l'hosto.

....

7. Elle peut fort bien avoir des doigts de fée.

....

8. Un sérieux coup de main pour trouver du taf.

....

Chenille n° 10

1. On n'y pédale ni dans la semoule ni dans la choucroute.

....

2. Viré de son taf.

....

3. Il nécessite un bon coup de crayon.

....

4. Pitreries.

....

5. On s'amuse quand on s'en paie une bonne tranche.

....

6. Membre d'une association de poterie (ou d'une autre).

....

7. Promenade un tantinet sportive.

....

8. Se dit d'un temps qui satisfait l'amateur de glisse.

....

Le dico de l'argot

Mots à relier

Éclate •	• Etc.
Écoutille •	• Anus
Emboucaner •	• Sentir mauvais
Entonnoir à musique •	• Oreille
Entrée des artistes •	• Exercice
Esgourder •	• Écouter, entendre
Estourbir •	• Fête, plaisir
Et tout le tremblement, le toutime… •	• Tuer, assommer
Étau (mettre la tête à l') •	• Pratiquer le cunnilingus
Exo •	• Oreille

Mots croisés GRILLE N° 6

	1	2	3	4	5	6	7	8	9	10	11	12
I												
II									■			
III						■						
IV					■							
V											■	
VI				■						■		
VII			■									
VIII				■				■		■		
IX			■									
X					■							

HORIZONTALEMENT

I. Pénis de moutard.

II. Il vous court grave sur le haricot. À son cours et sa route en Suisse.

III. Des brochets qui ne sont évidemment pas des maquereaux. Mis à la lourde.

IV. Les Pieds nickelés par exemple. En toc.

V. Canasson qu'on n'a guère de chances de voir aux courtines.

VI. Pas un canard du Sud-Ouest. Qui a replié son parapluie. Un appétit limité.

VII. Demi-tantouze. Défile en tête de manif.

VIII. Pas un fiston de chez nous. Elle est envahie par la baille. Brin de persil.

IX. Toile de Buñuel. Sans être portée sur la chose, elle parle beaucoup de son sexe.

X. Fit des projets. Privées de leur chef.

VERTICALEMENT

1. Le taulier d'un rade.

2. Plus que douteux.

3. C'est nickel.

4. Des acariens bien familiers. Sous sol.

5. Des couleurs ou un gambergeur espingo. Il se grilla les ailes en s'approchant du luisard.

6. Bout dans le faitout. Qui ne bouge ni pied ni patte.

7. Faisait la manche.

8. Pourvue de crochets qui ne servent pas à claper. Promis à la corde en principe.

9. Cesse de planer.

10. Débile. Personnel de service.

11. Va aux renseignements. Mis au paddock.

12. Affectent la basane.

Version

SUR LE THÈME...

Bouffe et picole : nourriture et boisson

Tentez de rendre plus présentables (et compréhensibles) ces petits textes argotiques !

1. Jeannot la Barbouille suivait un régime assez strict : trois petits muscadets à 7 heures, pour tuer le ver, autant de beaujolpifs à 10 avec le casse-dalle, 3 jaunes à l'apéro de midi et 9 à celui du soir, rien l'après-midi. Pour becter, du Château-Lapompe et avec ça, jamais malade !

....

....

....

....

2. Dédé le loufiat, à P'tit-Jean, Bébert et Popaul, qui viennent d'enquiller dans le rade : – Salut les hommes ! Un pastaga, un perniflard et un lait de bouc, comme d'hab ? – T'as tout compris !

....

....

....

....

3. En décarrant du Cyrano, le Rouquemoute était tellement givré qu'il ne tenait plus sur ses quilles. C'était couru qu'il allait prendre son lit en marche !

....

....

....

....

Devinette

Qu'est-ce qu'une fleur de pavé ?

....

Charade 6

Version 1

Mon premier était un habitant du nord de l'Afrique.

....

Mon deuxième est une note de musique.

....

Mon troisième se réimplante un peu en France.

....

Mon tout est un goinfre.

....

Version 2

Mon premier a lâché la rampe.

....

Mon deuxième est un sot content de lui et snobinard.

....

Mon troisième vous masque la moitié de la bouillotte.

....

Mon tout est un crevard.

....

Chenille n° 11

SUR LE THÈME...
de Bagatelle

1. Il se fait soulager deux fois par la fleur de bitume.

....

2. Telles, à la Libération, les Françaises ayant couché avec des Frisés.

....

3. Il est fort chaud pour une partie de jambes en l'air.

....

4. Qui a reçu un coup de pied de Vénus.

....

5. Ce qui se fait le plus couramment dans un cunnilinctus.

....

6. C'est la personne que vous avez dans la peau.

....

7. On y grimpe en s'envoyant en l'air.

....

8. C'est sans doute ce que vous souhaitez faire après une bonne partie de traversin.

....

....

Jour 8

Le saviez-vous ?

L'argot, volontiers raciste, a emprunté une foule de mots à de nombreuses **langues étrangères**, notamment l'arabe (barda, caïd, fissa, guitoune, smalah, toubib, zob...).

Rébus

Quels mots d'argot se cachent derrière ces deux rébus ?

Mot 1 : ....

Mot 2 : ....

Mots en argot : trouvez l'intrus !

Parmi ces mots du langage des jeunes, s'en est glissé un plutôt *chelou* :

Bouffon – Caillera – Daron – Kiffer – Molosse – Seum – Tarpé – Teuf – Thune – Vénère

Expressions argotiques : trouvez l'intrus !

QUIZ N° 6
Balles d'arme à feu ou *pastilles contre la toux*

Même si les balles d'arme à feu ont souvent en argot des noms plaisants, cela ne leur ôte en rien leur toxicité. Outre son intérêt balistique, cet exercice vous permettra de revoir quelques notions élémentaires d'anatomie. Parmi les projectiles suivants, un, donc, a été dévié de sa trajectoire normale :

VOCABULAIRE
Aileron : bras
Arroser : mitrailler
Baquet : ventre
Bourre : policier
Bradillon : bras
Braquo : braquage, braqueur
Bricard : brigadier
Citron : tête
Corgnolon : cou
Cornet : ventre
Crouni : mort
Décocter : déféquer
Driver : conduire
Gargoine : gorge
Guitare : jambe
Morfler : encaisser, recevoir
Nougat : pied
Paluche : main
Prose (masc.) : postérieur
Raisin : sang
Seringuée : salve

Utilisez la grille de vocabulaire pour vous aider.

- ❑ 1. *praline* : pour le bricard Bonatte, c'était clair qu'avec une **praline** dans le nougat, un des deux braquos du Crédit Apicole n'irait pas bien loin !

- ❑ 2. *dragée* : avec trois **dragées** dans le cornet, Max perdait son raisin à tout va. Même si ça craignait un max, il allait falloir le driver à l'hosto.

- ❑ 3. *bastos* : la **bastos** qu'il avait morflée à l'aileron gauche n'empêchait pas le truand d'arroser comme un malade avec son autre bradillon.

- ❑ 4. *valda* : le malfrat parvint à loger une **valda** dans la gargoine du bourre, qui n'eut que le temps de porter ses pognes au corgnolon avant de s'écrouler, crouni.

- ❑ 5. *ogive* : à la battue, le vieux Tatave avait envoyé une **ogive** dans le prose de son voisin en train de décocter : il l'avait pris pour un sanglier qui grognait !

- ❑ 6. *pruneau* : au stand de tir, le bleu zyeute sa cible, penaud : sur la seringuée, un **pruneau** a touché le baquet, un autre, une guitare, le troisième, une paluche, le reste est dans la nature !

Charade 7

Version 1

Mon premier n'est pas vilain.

....

Mon deuxième travaille au jardin.

....

Mon troisième peut être culinaire ou poétique.

....

Mon tout est une maison close.

....

Version 2

Mon premier est un dé à jouer.

....

Mon deuxième est dans le vent.

....

La barbouille fait partie de mon troisième.

....

Mon tout est une sorte de volière.

....

Mot troué

N'allez quand même pas prendre une *cuite* si vous ne trouvez pas le nom de cet apéritif anisé !

__ A __ __ A __ A

Mots croisés GRILLE N° 7

	1	2	3	4	5	6	7	8	9	10	11	12
I												
II												
III								■			■	
IV				■								
V							■			■		■
VI			■									
VII							■		■			
VIII			■			■						
IX					■							
X										■		

HORIZONTALEMENT

I. Il travaille du chapeau.

II. Ils avaient le pot au ras des pâquerettes.

III. Allume. Queue de cheval.

IV. Dès potron-jacquet. Elles ne sont jamais joisses.

V. Piliers de mosquée. Gros cul.

VI. Article de droguerie. Portugaise pas nécessairement ensablée.

VII. Bien élevée. Son homme est un expert.

VIII. Une meuf bien de chez nous. Il est rongé par le cador. Bien seulabre.

IX. Partie du dolluche. La flotte pour le poiscaille, par exemple.

X. Qui s'en payent une tranche. Bout dans la cocotte.

VERTICALEMENT

1. Quoique sans lien avec le sexe SM, elle fouette parfois sévère.

2. Loin d'être des rabat-joie ou des pisse-vinaigre.

3. Vieille peau. Attire votre attention.

4. Rassemblement de brêmes. Agit comme un rat.

5. Brouille-ménage.

6. Avec elle, on a bien du mal à en démouler une. Blaze de Ricain.

7. Se faisait à la rapière ou au pétard. Flotte kazakhe.

8. Au terme du coït. À ramasser à la petite cuiller.

9. Pousse-au-crime. Elle s'occupe entre autres de la lutte contre le dass.

10. Font tenir les tifs. Se dit d'un fruit nazebroque.

11. Noyau de prunes. Enquillent.

12. Dieu gaulois du casse-pipe. Raccourci.

Chenilles

SUR LE THÈME DE...

Salmigondis de jars : variétés en argot

Chenille n° 12

1. Se casser, s'arracher fissa (s'applique parfois à la volaille).

....

2. Poupard à allure d'amphibien.

....

3. Un illustre inconnu.

....

4. Roupiller.

....

5. Volant de votre caisse ou côtes enveloppant vos éponges.

....

6. Université parisienne prestigieuse, ou tête d'intello.

....

7. Elle s'occupe de l'entretien de votre casbah.

....

8 Amortisseurs ou enjoliveurs.

....

Chenille n° 13

1. Mari trompé.

....

2. Un zonard bien dérangé.

....

3. Variété de poireau.

....

4. Un téléphone à allure de coquillage.

....

5. Variété de melon.

....

6. Ramdam.

....

7. Pas à prendre avec des pincettes.

....

8. C'est dans ce bar que vous vous piquez le nez.

....

Le dico de l'argot

Mots à relier

Faisan •	• Ruse
Fastoche •	• Grand nez
Fer à souder •	• Facile, aisé
Ficelle •	• Escroc
Flacon (avoir du) •	• Insuccès, échec
Flapi •	• Jambe
Fleur de bitume, de pavé… •	• Être âgé
Flotte •	• Eau
Flûte •	• Prostituée
Four •	• Fatigué

Jour 9

Le saviez-vous ?

Le **largonji** consiste à envoyer à la fin d'un mot la consonne initiale et à la remplacer par un « l » : le mot « jargon » devient ainsi « largonji ». La modification est souvent accompagnée d'un suffixe : beau, belle : laubé, laubiche.

Rébus

Quels mots d'argot se cachent derrière ces deux rébus ?

Mot 1 : ....

Mot 2 : ....

....

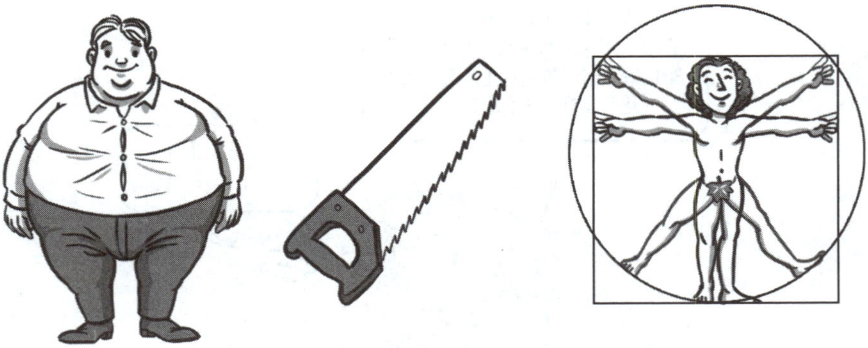

....

Mots en argot : trouvez l'intrus !

Il existe un vocabulaire considérable pour parler de l'argent en argot. Parmi les propositions suivantes, une fait l'effet d'une fausse pièce :

Artiche – Blé – Garbure – Flouze – Fric – Galette – Oseille – Picaillons – Pognon – Thune

Expressions argotiques : trouvez l'intrus !

QUIZ N° 7
Indifférence ou *s'en battre l'œil*

Quand quelque chose ne vous fait ni chaud ni froid, vous vous asseyez dessus, vous vous en cognez ou vous vous en foutez comme de l'an quarante. Il existe de nombreuses autres formules, pas toujours très choisies, dont une ne devrait pas vous laisser indifférent :

VOCABULAIRE
Boxif : maison de passes
Daube : drogue
Décaniller : partir
Gerber : vomir
Grossium : personne importante
Gniard : enfant
Lourde : porte
Piano : comptoir de bar
Plomber : contaminer
Schlass : ivre
Sketba : basket

Utilisez la grille de vocabulaire pour vous aider.

☐ **1.** *n'en avoir rien à cirer* : Édith Cresson, elle en avait **rien à cirer**, de la Bourse ! Ça l'a pas empêchée de décaniller vite fait de son poste de Premier ministre.

❑ **2.** *s'en tamponner le coquillard* : P'tit Jean à Jojo : « Les grossiums de l'agroalimentaire, y **s'en tamponnent le coquillard**, de l'avenir de la planète, et même de leurs petits-gniards ! »

❑ **3.** *s'en taper* : Bertrand, y **s'en tape**, des SDF installés devant le supermarché. Pourvu que leurs clébards ne viennent pas pisser sur les roues de sa caisse !

❑ **4.** *n'en avoir rien à secouer* : Ahmed, y n'en a **rien à secouer**, du bahut ! C'qu'y veut faire plus tard, c'est du rap, du foot, du sketba... des trucs valables, quoi !

❑ **5.** *s'en battre les couilles* : Jojo, flanquant à la lourde Mimile, complètement schlass : « **J'm'en bats les couilles**, que tu sois rond, c'est pas une raison pour gerber sur mon piano ! »

❑ **6.** *s'en soucier comme du copain Lampion* : « Les jeunes d'à c't'heure, tu peux toujours leur causer des dangers de la daube, du portable, de la bagnole, ils **s'en soucient comme du copain Lampion !** »

Charade 8

Version 1

Mon premier est une unité de mesure de la vitesse.

....

Mon deuxième est une interjection.

....

Mon troisième est un fruit charnu ou une ouverture.

....

Mon tout peut faire l'objet d'une dissection.

....

Version 2

Mon premier est le « protecteur » de ces dames.

....

Mon deuxième est une préposition.

....

Mon troisième peut qualifier un clapoir grand ouvert.

....

Mon tout est de la viande froide.

....

Anagramme

COPINER

Seul ou avec un copain, tâchez de trouver, à partir de ce mot, un équivalent de « roupiller » !

....

....

....

Mots croisés GRILLE N°8

	1	2	3	4	5	6	7	8	9	10	11	12
I												
II											■	
III								■		■		
IV			■		■							
V										■		
VI			■						■			
VII					■							
VIII			■			■			■			
IX								■				
X							■					

HORIZONTALEMENT

I. Partie de jambes en l'air.

II. Qui a remis sa minouse.

III. Il n'en fiche pas la rame. Dans la cafetière.

IV. Note. À son cours en Ukraine.

V. Ratichon dans l'exercice de ses fonctions. Extrémité du fémur.

VI. Pas tout à fait seul. S'accommode fort bien du gin. Roseau qui pousse sur des cailloux.

VII. Camtar. Il en faut trois pour qu'une route soit sûre.

VIII. Chef de station. Roulotte. Annonce la couleur. Réserves à betteraves.

IX. Serres dans tes ailerons. Dans le milieu, cambrioler.

X. Qui tient debout. Il a sa crèche près d'une fameuse tour.

VERTICALEMENT

1. Tirelires de mômes.

2. Blanche qui se prend par le blair.

3. Pièce de Racine. Pas une route comme celle évoquée au VII.

4. Qui permet d'entretenir le châssis.

5. À la tête du client. Compagnie réduite. Entendu après coup.

6. Société qui en contrôle une tapée d'autres. Qui a de la branche.

7. Ceintures de Vénus ou groseilles de mer.

8. Queue de rat. Ils se sont fait niquer par les Espagnols.

9. Jactance de l'Oural. Jazz-tango.

10. Désigne un mec, pas un homme. Des huiles arabes.

11. En boucha un coin.

12. Il est souvent accroché aux amortisseurs.

Chenilles

SUR LE THÈME DE...
La carcasse : le corps humain

Chenille n° 14

1. Tarin (mais pas des aulnes).

....

2. Vous ne pourrez pas lire la vôtre puisque vous êtes parti les pieds devant. ....

3. Ils sont bien utiles pour mastiquer.

....

4. Tête de lascar.

....

5. Tête à connotation musicale.

....

6. Postérieur.

....

7. Mirettes.

....

8. Pénis d'allure enfantine.

....

Chenille n° 15

1. Vous y prenez parfois vos jambes.

....

2. Qui les a bien accrochées.

....

3. Articulation dans la guibolle.

....

4. Pied fort courant à Montélimar (mais pas seulement !).

....

5. Forme picarde de « gave », gosier d'un oiseau.

....

6. Un croulant.

....

7. Elle constitue votre châssis, thème de cette série de chenilles.

....

8. Une tête à allure fruitière.

....

Le dico de l'argot

Mots à relier

Gail •	• Jeune passionné d'informatique
Galoche •	• Réflexion
Galopin •	• Peur
Gamberge •	• Individu quelconque
Gâterie •	• Ivre
Geek •	• Sage-femme, gynécologue
Givré •	• Baiser sur la bouche
Glandouiller •	• Paresser, être inactif
Gonfler •	• Chanson
Goualante •	• Cheval
Gratin •	• Élite
Grelots •	• Ennuyer, excéder
Guette-au-trou •	• Petit verre de bière
Gus, gusse •	• Fellation

Jour 10

Le saviez-vous ?

Avec **la publication des *Voleurs*** en 1837, l'ancien bagnard devenu policier Vidocq fit connaître l'argot à de grands romanciers (Balzac, Hugo, Sue…), qui s'en inspirèrent.

Rébus

Quels mots d'argot se cachent derrière ces deux rébus ?

Mot 1 : ....

Mot 2 : ....

....

....

Devinette

Cette gamelle a pour synonymes bûche, gadin, billet de parterre…

__ A __ __ I __ __ U E

Expressions argotiques : trouvez l'intrus !

QUIZ N° 8

Prétentieux ou *snobinard*

Plus déplaisant encore que le raseur ou l'enquiquineur est peut-être le m'as-tu-vu, le spécialiste du tape-à-l'œil, qui y ajoute parfois une touche de dédain, voire de mépris. Parmi ces expressions ou termes de même sens, en figure un particulièrement puant :

VOCABULAIRE
Bourgeoise : épouse
Costela : Lacoste (marque, verlan)
Coupe-chiasse : pharmacien
Frimant : figurant
Lardon : jeune enfant
Marida (se) : se marier
Piston : capitaine (par aphérèse de capiston)
Rade : bar, comptoir de bar
Tombé du camion : volé
Véto : vétérinaire
Zomblou : blouson (verlan)
Zyeuter : regarder

Utilisez la grille de vocabulaire pour vous aider.

❑ **1.** *péter plus haut que son cul* : « Tu veux **péter plus haut que ton cul** ! lance une verdurière à une cliente difficile. T'étais pourtant qu'une bouseuse comme nous avant de te coller avec le piston ! »

❑ **2.** *bêcher* : la bourgeoise de l'horticulteur, c'est une **bêcheuse** finie ! Les fleurs, d'accord, ça la branche, mais elle s'abaisserait pas à prendre une pioche.

❑ **3.** *trimer* : Nike, zomblou Costela, smartphone dernier cri, le tout tombé du camion, Maël **trime** devant les gonzesses. S'il savait que dans deux plombes, y va se retrouver en calecif !

❑ **4.** *se la péter* : depuis qu'Olivia a obtenu un petit rôle de frimante dans un film de merde, elle **se la pète** grave, zyeute les copines de haut et s'imagine déjà sur la Croisette.

❑ **5.** *faire de l'épate* : avec quelques noms latins de champignons, l'apprenti coupe-chiasse **fait de l'épate** auprès des petits nouveaux de la Société mycologique.

❑ **6.** *se la jouer* : P'tit Jean à Jojo : « Le véto, y **s'la jouait** déjà pas mal, mais depuis qu'y s'est marida avec une meuf de la haute, c'est tout juste s'y nous r'garde encore. »

❑ **7.** *se pousser du col* : au rade : « Bébert, depuis qu'il a gagné au loto, y s'prend pas pour une merde, y **s'pousse du col** comme s'il était sorti de la cuisse de Jupiler. »

❑ **8.** *faire de l'esbroufe* : au loto de l'école de son lardon, la bergère du clerc de notaire **fait de l'esbroufe** : c'est tout juste si son jules n'a pas une grosse étude à l'autre bout du département !

Charade 9

Version 1

Mon premier est une maison de tolérance.

....

Mon second est un petit problème.

....

Mon tout est vraiment désordonné.

....

Version 2

Mon premier est un clac.

....

Mon second est un petit lézard.

....

Mon tout dénote une vraie pagaille.

....

Mot troué

Il sera peut-être coton de trouver ce synonyme de « difficile » :

__ U __ A I__ __ E

Mots croisés GRILLE N° 9

	1	2	3	4	5	6	7	8	9	10	11	12
I												
II								■				
III									■			
IV			■				■			■		
V			■									
VI					■							■
VII		■										
VIII					■		■		■			
IX			■								■	
X						■						

HORIZONTALEMENT

I. Sexuelles, elles font dormir l'homme sur la béquille.

II. Fabricant de jambonneaux. Un novice.

III. Caillou fort recherché en Colombie. Qui a du flacon.

IV. Au fond de l'abîme. Patrie d'un fameux cureton. Faisait bronzer Ramsès. Bout de colère.

V. Grecque de Mytilène. Fumasses.

VI. Gambergeur français, il a travaillé sur l'opium des intellos. Il vous arrive à l'œil.

VII. Une véritable infection.

VIII. Marché loin d'être bio. Ce n'est pas un juif.

IX. Lisière de forêt. Bout de bois.

X. Qui tient la route. Embobina.

VERTICALEMENT

1. Elles les ont palmées.

2. Courant d'air. Période de défrusquage.

3. Il vit aux States. Offre non dénuée d'arrière-pensée.

4. Des marmites que le poilu n'appréciait guère.

5. Galurin à destinataire unique. Queue de pie.

6. Tabacs sans danger pour vos éponges.

7. Suffixe populaire jamais trop flatteur. Exige une certaine distinction. Brin de cerfeuil.

8. Se dit d'une voix de rogomme.

9. Dans le même coinsteau. Promesse de bonnes cuites. Point n'est besoin du bac pour le passer.

10. Elle ondule, mais pas de la touffe. Prendre l'air.

11. Palace sur la Promenade des Angliches.

12. Surviennent quand on donne un coup de collier. Gros greffier d'Amérique.

Chenilles

SUR LE THÈME DE...
La bouffe et la picole : nourriture et boisson

Chenille n° 16

1. Il a été vacciné au salpêtre.

....

2. Bourré d'un hachis de bidoche et d'ingrédients divers.

....

3. Rehausse nettement le goût de la flotte.

....

4. Pièce de barbaque ou surnom du Britiche.

....

5. Le prognathe a les dents qui courent au-devant.

....

6. Antigel courant au Mexique.

....

7. Son civet vous réjouit les amygdales.

....

8. Siffler plus que de raison.

....

Chenille n° 17

1. Vin tout aussi courant que le picrate.

....

2. Un poiscaille qui s'accommode fort bien d'une salade de patates (deux mots). ....

....

3. Variété de glace (sans tain bien sûr !).

....

4. Toujours une boutanche de rouge.

....

5. Ils sont en principe servis le lundi.

....

6. Se dit d'un vin blanc additionné de limonade.

....

7. Mélange d'eau-de-vie et de cassis, qui peut en effet vous taper sur le cassis. ....

....

8. En zinc ou en plomb, vous l'avez un lendemain de ribouldingue.

....

Le dico de l'argot

Mots à relier

Hareng •	• Hiver
Haute (la) •	• La bonne société
Hivio •	• Proxénète
Huile •	• Personnage important
Huître •	• Cracher

Jour 11

Le saviez-vous ?

Les brigands appelés **Chauffeurs d'Orgères**, qui sévirent en Beauce à la fin du XIXe siècle, étaient ainsi nommés parce qu'ils brûlaient les pieds de leurs victimes pour leur faire avouer où elles cachaient leurs économies.

Rébus

Quels mots d'argot se cachent derrière ces deux rébus ?

Mot 1 : ....

Mot 2 : ....

....

....

Devinette

Lorsque je ne suis pas un amphibien, je désigne un porte-monnaie (sans doute bien rempli). Quel mot d'argot suis-je ?

....

....

Expressions argotiques : trouvez l'intrus !

QUIZ N° 9
Laideur ou *mocheté*

Cette propriété semble plus spécifiquement féminine, comme si tous les hommes étaient forcément des Adonis ou des Apollon ! En tout cas, il n'existe pas réellement de substantif pour désigner un homme laid. Chez les dames, on n'a que l'embarras du choix, mais parmi les suivants, déjà peu reluisants, s'en est glissé un encore plus bléchard :

VOCABULAIRE
Bléchard : laid
Canon : fille, femme jolie
Jalmince : jaloux, jalouse
Lot à réclamer : fille, femme laide
Maquereau : proxénète
Prix de Diane : fille, femme jolie
Ravelure : fille, femme laide
Tapisserie (faire) : ne pas être invitée à danser
Zinc : comptoir

Utilisez la grille de vocabulaire pour vous aider.

- ☐ **1.** *grumeau* : les nanas, jalminces, n'arrivaient pas à piger comment un type aussi bandant pouvait sortir avec un pareil **grumeau.**

- ☐ **2.** *thon* : autrefois, les maquereaux draguaient dans les guinguettes pour assurer leur pain de fesse. Naturlich, ils laissaient les **thons** faire tapisserie.

- ☐ **3.** *cageot* : Colette s'apparentait plus à un **cageot** qu'à un prix de Diane, mais ça tombait bien, car elle n'en avait rien à cirer, des mecs.

- [ ] **4.** *boudin* : avec sa chanson des *Petits* ***Boudins***, Dominique Walter ne s'était pas fait que des copines dans la communauté des ravelures et lots à réclamer.

- [ ] **5.** *tarderie* : au zinc, René à Jojo : « Honnêtement, tu vas pas m'dire qu'à un passage clouté, t'as pas plus de plaisir à laisser passer une souris canon qu'une **tarderie** ! »

- [ ] **6.** *tréteau* : Cédric à Soufiane : « C'est pas avec la nouvelle meuf du bloc 3 qu'on risque de s'envoyer en l'air, c'est un vrai **tréteau** ! »

Charade 10

Version 1

Mon premier est porté à ébullition.

....

Mon deuxième est un ensemble de marchandises.

....

Mon troisième est l'enveloppe d'un oreiller.

....

On a besoin de mon tout pour vivre.

....

Version 2

Le coup de mon premier peut vous faire aller à dame.

....

Mon deuxième est du bouillon de canard.

....

Mon troisième a son salon.

....

Mon tout équivaut à se remplir le buffet.

....

Mots croisés GRILLE N°10

	1	2	3	4	5	6	7	8	9	10	11	12
I												
II							■					
III				■								
IV											■	
V				■			■		■			
VI					■					■		
VII							■					
VIII				■								■
IX						■					■	
X							■					

HORIZONTALEMENT

I. Pas nourri avec des courants d'air.

II. S'applique sur le lard ou les vermicelles. Détente pas forcément profitable.

III. Sa ducasse est fameuse. Aiment faire la teuf.

IV. Mettre à la portée du populo.

V. Faisait suffoquer Malherbe. Clôture à la baisse. Parfois surdimensionné.

VI. Bled du Japon. Joindre les deux bouts. En pleine chienlit.

VII. Peut se dire de crayons de couleur différente. La santoche est le premier de tous.

VIII. Garnissent des bonnets. Rondouillarde.

IX. Célèbre dans la mythologie pour son lion et sa vache. Pâtée prussienne.

X. Elle n'a pas son pareil pour vous enroupiller. Ont leur brigade.

VERTICALEMENT

1. Expédient généreusement leurs huîtres.

2. Elles ne sont pas de la haute.

3. La meilleure méthode pour entretenir le châssis.

4. Mettrait Pantruche en boutanche. Petite longe. Assure la liaison.

5. Peuvent sans doute vous permettre, Madame, une promotion. Vachement moins populaire.

6. Grisole.

7. Doublé, c'est un mioche de Paname. Grecque du Péloponnèse.

8. Grimpent vite au cocotier.

9. Rendez-vous de lurons. Se fendent la pêche.

10. Fait comme un rat. Quand on y met la tête, c'est pour le cunnilingus.

11. Comment finit Déroulède. Là où elle est, y'a pas de plaisir.

12. Restes de cadavre. Les mots croisés lui sont doublement redevables.

Anagramme

ORIPEAUX

Débarrassez-vous de ces oripeaux en les transformant en de bons braquemarts !

....

....

....

Chenilles

SUR LE THÈME DE...
Poulets et faisans : policiers et délinquants

Chenille n° 18

1. Se lance dans les filatures (verbe).

....

2. Victime toute désignée pour l'escroc.

....

3. En or, elle est avidement recherchée par le monte-en-l'air.

....

4. S'en prend aux forces de l'ordre (verbe).

....

5. Il est perpétré par le flingueur.

....

6. Il s'occupe de stupéfiants à une grande échelle.

....

7. La spécialité d'Arsène Lupin.

....

8. Plus digestes en amuse-gueule que dans le chargeur d'un soufflant.

....

Chenille n° 19

1. La corporation des malfaisants.

....

2. Scandale, bagarre chez les voyous.

....

3. Escroquerie.

....

4. Se dit d'un poulet malsain.

....

5. Il fait partie de la maison Royco.

....

6. Casquette longtemps signe distinctif du maquereau ou du mauvais garçon. ....

....

7. Le braqueur qui monte un coup se doit de ne pas l'être.

....

8. Il vous embobine avec son baratin.

....

Le dico de l'argot

Mots à relier

Iep •	• Incompréhensible
Imbitable •	• Pied (verlan)
Indic •	• Indicateur de police

Jour 12

Le saviez-vous ?

Le mot **comac** signifie : grand, gros, imposant, mais quelle est son origine ?
En provençal, « comme aco » veut dire « comme ça », expression de mesure qu'on utilise en écartant les deux mains.

Rébus

Quels mots d'argot se cachent derrière ces deux rébus ?

Mot 1 : ....

Mot 2 ....

....

....

Devinette

Un seul de ces saints n'est pas fêté en langue verte. Cochez la bonne réponse.

❑ Saint-Ger

❑ Saint-Frusquin

❑ Saint-Augustin

❑ Saint-Glinglin

Expressions argotiques : trouvez l'intrus !

QUIZ N° 10
Vitesse ou à *toute vibure*

N'importe quel mycologue vous le dira : il n'est jamais bon d'*écraser le champignon* que vous ne connaissez pas, car il pourrait en intéresser d'autres. La même consigne est bien sûr valable lorsque vous conduisez, car comme le disait le bon fabuliste : « Rien ne sert de droper, faut démarrer à l'heure. » Parmi les synonymes populaires suivants, vous trouverez *rapido* l'intrus :

VOCABULAIRE
Broquille : minute
Bouillave : faire l'amour
Déchiré : ivre
Gabelou : douanier
Go fast : transport rapide de drogue
Guinde : voiture
Kiffer : aimer
Nozigues : nous
Perdreau : policier
Plombe : heure
Poulet : policier
Ramper : rouler lentement
Schmitt : gendarme

Utilisez la grille de vocabulaire pour vous aider.

❑ **1.** *bourrer* : dans la technique du « go fast », explique un vieux perdreau à un jeune poulet, les guindes ne **bourrent** vraiment que si y a une embrouille avec nozigues ou les « gabelous ».

❑ **2.** *tracer* : pour aller aux obsèques de son grand-dab, à 300 bornes d'ici, il ne restait à Damien que deux plombes et des broquilles, il allait falloir **tracer** !

☐ **3.** *mettre la gomme* : au volant de son Alfa, Renaud, furax, **met la gomme** pour rattraper l'enfoiré qui lui a fait un bras d'honneur au stop.

☐ **4.** *bomber* : une des trois greluches montées en stop par Phil : « T'es qu'un pauv'naze si tu crois qu'en **bombant** comme un malade, tu vas pouvoir nous bouillave, on kiffe pas la vitesse ! »

☐ **5.** *être au taquet* : dans leur caisse : « Pourquoi qu'tu rampes comme ça ? dit Nanard qui s'impatiente à Nico, y a quand même une différence entre **être au taquet** et rouler avec un œuf sous le pied ! »

☐ **6.** *avoir le pied au plancher* : « Quand t'es déchiré, dit Jojo à Gros-Jean, t'as intérêt à prendre une route à quatre grammes, ça t'évite de **mettre le pied au plancher** et t'as moins de risques de tomber sur les schmitts. »

☐ **7.** *iler comme un Italboche* : au volant de sa Jaguar, Sam **file comme un Italboche** à son rencard avec une nana, mais ce qui l'attend au premier platane, c'est Belzébuth en personne !

Mot troué

Ces oreilles ont pour équivalents argotiques *écoutilles, pavillons, feuilles (de chou)…*

E __ __ OU __ __ E __

Charade 11

Version 1

On pataugue parfois dans mon premier.

....

Mon deuxième proteste violemment.

....

Mon troisième évoque un passé proche.

....

On porte parfois à mon tout une fleur ou une décoration.

....

Version 2

On met mon premier quand on déguerpit.

....

Mon deuxième est une valeur exprimée en pourcentage.

....

Mon troisième est un gus comme vous et moi.

....

Mon tout est une blessure occasionnée par un surin.

....

Mots croisés GRILLE N° 11

	1	2	3	4	5	6	7	8	9	10	11	12
I												
II						■					■	
III								■				
IV				■								
V												
VI					■		■		■			■
VII											■	
VIII								■				
IX			■			■				■		
X									■			

HORIZONTALEMENT

I. Il est dur de la feuille.

II. Jaune, perniflard, pastaga... Dessinateur humoristique, grand amateur de bouffarde.

III. Petite héroïne chez les déchards du XIXe siècle. Une flopée.

IV. Doublé, il fait office de berlingot. Ne se tape pas la cloche tous les jours.

V. La queue entre les jambes.

VI. Viocarde. Au cœur des océans.

VII. En bagnole ou à biclou, ils ont besoin de pare-brise.

VIII. D'une région du Québec. Fait en sorte que ça ne coince plus.

IX. Donne du liant. Il est poussé par le mérinos. Tonton d'Amérique. Espèces disparues.

X. Elles sont fixées aux lattes. Se dresse sur la tête.

VERTICALEMENT

1. Ils n'ont plus qu'à étrenner leur costard en sapin.

2. Il est loin de vous casser du sucre sur le dos.

3. Ne les lâchent pas avec un élastique.

4. Belle collection de lustres. Variété de jambonneau.

5. Enregistrée. Il est parfois suivi de votre mari.

6. Filet à pescales.

7. De vrais cadors. Celle du panier constitue un petit bénef.

8. Aux sources du Nil. Première « Dame de fer » C'est un fortiche.

9. Coton pour jean. Quand on y monte, c'est pour la came.

10. Distraites.

11. Gros fumeur. Style de zic.

12. Courte bafouille sur la toile. Il faut en avoir pour le relever.

Chenilles

SUR LE THÈME DE
Bagatelle et galipettes : plaisirs des sens

Chenille n° 20

1. Charge par la culasse ou tape dans la lune.

....

2. Faire l'amour vite fait et sans fioritures.

....

3. Il trône au sein des seins.

....

4. Séduire.

....

5. Caprice amoureux et passager.

....

6. Cabarets populaires et dansants où les macs venaient draguer leurs futures gagneuses. ....

....

7. Vous faites appel à ses services, Madame, quand vous dépotez votre marmot. ....

....

8. C'est le cyclope, l'entrée des artistes, la turbine à chocolat...

....

Chenille n° 21

1. Il se broute comme le cresson.

....

2. Partie de plaisir qui peut se transformer en partie fine.

....

3. Faire ce qu'il faut pour emballer.

....

4. Tenue d'intérieur légère susceptible, Monsieur, de vous affrioler.

....

5. Se dit d'organes qui assurent votre descendance.

....

6. Sa maison est un lupanar.

....

7. On y va quand on risque quelques caresses intimes.

....

8. Une nana en joue en se caressant.

....

Le dico de l'argot

Mots à relier

Jactance •	• Se passer de, être privé de
Jacter •	• Bagou, bavardage, discussion
Jar(s) •	• Parler, causer
Jaspiner •	• Parler
Jetons •	• Argot (apocope de « jargon »)
Jongler •	• Peur
Junky •	• Drogué

Mots croisés GRILLE N° 12

	1	2	3	4	5	6	7	8	9	10	11	12
I												
II								■				
III					■							■
IV				■			■				■	
V								■				
VI						■						
VII			■									
VIII						■	■					
IX		■									■	
X						■						

HORIZONTALEMENT

I. Science qui traite des ancêtres.

II. À qui on en a mastiqué une fissure. Laitue de mer.

III. Robert pas forcément petit. A un cheveu sur la tapette.

IV. Iceberg plus qu'à moitié fondu. Entame de ciflard. Signe de qualité pour un picrate.

V. Une forme de sodomie. Bouillon congolais.

VI. Ce que peut vous procurer votre loupiotte. Elle jongle mais ne se brosse pas.

VII. Écrivain jap. Sont le fait d'un gus qui ne vous veut pas de bien.

VIII. Pleurniche. Dépouille.

IX. Préparé pour la compét'.

X. D'un auxiliaire. Qu'on peut donc facilement saisir.

VERTICALEMENT

1. Elle s'occupe également des ancêtres.

2. À qui on en a bouché une rondelle.

3. Qui a racheté une conduite. À mézigo.

4. Appel de la mer. Pratiquent de belles boutonnières.

5. Conjonction de constellations. Indique un bouclard de nuigraves.

6. Ta pomme.

7. De nature à faire rougir l'oie blanche. Elle s'élevait tous les matins à l'aube. Le premier toutes catégories.

8. Demi-héroïne pour qui Obélix en pince. Le petit greffier s'en empare avidement.

9. Des grenouilles, mais pas de bénitier.

10. Bien lubrifiée.

11. Terme d'une alternative. Goualante de frisé.

12. En fin de journée. De vrais prix de Diane (c'est le cas de le dire !).

Version

SUR LE THÈME DE...
Blé, oseille, radis... : l'argent

Tentez de rendre plus présentables (et compréhensibles) ces petits textes argotiques !

1) En à peine six marcotins, Gégé put attriquer, avec le pain de fesses fourni par son attelage, une chouette béhème.

....

....

2) Le truand rangé des voitures renaude auprès du loufiat : « Ah ! ces enfoirés de zonards ! Ils m'ont engourdi mon larfeuille dans le brutal, comme un vrai cave ! »

....

....

3) Avec des ardoises dans tous les tapis du coinstot, Fredo voyait pas bien comment il allait pouvoir continuer à tuter sans pèze.

....

....

Reconstituez le lexique !

C_ _ _ _ U	Petit avion
C_ _ P DE LA _ _ E	Emprunt
C_ _ _ _ _ _ _ _ E	Diarrhée
C_ _ _ _ _ _ _ _ _ S	Courses hippiques
CR _ _ _	As, champion
C _ _ _ _ _ _ _ _ _ E	Sale

Devinette

Les doigts sont couramment désignés, en argot, sous les noms de salsifis, fourchettes, francforts...
Vous trouverez aisément ce que peut bien être le brigadier d'amour !

....

....

....

Charade 12

Version 1
Mon premier s'en va.

....

Mon deuxième est un pronom personnel ou un adverbe.

....

Mon troisième est un travail universitaire.

....

Mon tout est l'insertion dans une phrase d'un élément accessoire.

....

Version 2

Mon premier désigne les vieux, les darons.

....

Mon deuxième peut être un pavé indigeste.

....

On pisse entre mon tout quand on a les jambes arquées.

....

Anagramme

BANDER

Vous banderez d'aise si vous transformez ce mot en un grimpant.

....

Jour 15

Le saviez-vous ?

Le javanais consiste à insérer la syllabe *-av* (parfois *-ag*) après chaque consonne : beau devient *baveau*, grosse, *gravosse*. Queneau en donne un exemple amusant dans ses *Exercices de style*.

Rébus

Quels mots d'argot se cachent derrière ces deux rébus ?

Mot 1 : ....

Mot 2 : ....

....

....

Devinette

On sait ce qu'est un œil de verre, mais qu'en est-il d'un œil de bronze ? Cochez la bonne réponse.

❑ C'est le judas.

❑ C'est l'anus.

❑ C'est l'objectif d'un appareil photo.

Expressions argotiques : trouvez l'intrus !

QUIZ N° 11
Urgence ou *s'activer*

À côté des traînards et des lambins, il y en a toujours qui ont *le feu aux fesses* (sans pour autant être porté sur la *bagatelle*). Parmi ces équivalents de la presse et de la diligence, s'en trouve un que vous vous empresserez de débusquer :

VOCABULAIRE
Badigeon : maquillage
Baille : eau, rivière
Biffin : soldat d'infanterie
Bleubite : novice, débutant
Bonnir : dire
Cagoinces : toilettes, W.-C.
Casse : cambriolage
Coffiot : coffre
Cramer : brûler
Débrider : fracturer
Juteux : adjudant
Lisbroquer : uriner
Matos : matériel
Pompelard : pompier
Taule : ici, maison en général
Zef : vent

Utilisez la grille de vocabulaire pour vous aider.

- [ ] **1.** *se dégrouiller* : « **Dégrouille-toi**, bon Dieu, gueule un pompelard qui suffoque à un bleubite, file-moi la lance avant qu'la taule soit complètement cramée ! »

- [ ] **2.** *se magner le pion* : à la marche commando, le juteux aux biffins qui traînent : « **Magnez-vous le pion**, tas de glands, si vous voulez pas être de corvée toute la semaine ! »

❏ **3.** *faire fissa* : en plein casse : « T'as intérêt, dit Nono, à **faire fissa** pour débrider le coffiot avant que les proprios rappliquent du cinoche ! »

❏ **4.** *se démerder* : des pêcheurs à la ligne à l'approche de l'orage : « Faut **se démerder** de plier les gaules si on veut pas que le zef foute tout le matos à la baille. »

❏ **5.** *se bouger le cul* : à la séance de badigeon : « Eh ! les nanas, faudrait voir un peu à **se bouger le cul**, grogne le régisseur, c'est bientôt votre tour d'entrer en scène. »

❏ **6.** *s'affoler* : « Allez les morpions, bonnit le daron tout joisse à ses morveux, on **s'affole** un peu si on veut pas arriver à la bourre au cinoche ! »

❏ **7.** *se magner le popotin* : Arthur, à la porte des cagoinces : « **Magne-toi le popotin**, Germaine, j'ai une envie de lisbroquer qui ne tiendrait pas dans un panier à salade ! »

Charade 13

Version 1

Mon premier est une petite pousse d'herbe.

....

Mon deuxième est une préposition.

....

Mon troisième est un métal.

....

Mon tout est dans les vignes du Seigneur.

....

Version 2

Beau, mon premier s'applique à une fille.

....

Mon deuxième est la marque d'un couple.

....

On s'accoude à mon troisième dans un trocsif.

....

Mon tout est bourré comme un coing.

....

Anagramme

FAITES

Faites de ce mot un synonyme de ribouldingue !

....

Le dico de l'argot

Mots à relier

Kiffer •	• Aimer
Kilbus •	• Litre de vin

Mots croisés GRILLE N° 13

	1	2	3	4	5	6	7	8	9	10	11	12
I												
II											■	
III					■							
IV									■			
V				■								■
VI						■						
VII			■								■	
VIII		■						■				
IX				■			■					
X						■						

HORIZONTALEMENT

I. Ils sont à l'aise dans leurs charentaises.

II. Elle joue les lolitas.

III. Peut se dire d'un hivio rigoureux. Vous en bouchent un coin.

IV. Changeait de couleur. Chaude, elle est mal famée.

V. Avec l'emballage. Serrée dans vos bradillons.

VI. Avec elles, on se fait parfois du mauvais sang. Elle est composée de biftons.

VII. Donne ses conditions. Ils ne sont portés ni sur la bouffe, ni sur la bagatelle.

VIII. Troufignons. Le bas-du-cul en est forcément loin.

IX. Une brême de belle taille. Demi-peau de chien. Deuxième jour de la décade, dans le calendar républicain.

X. Rations de junky. Promise à Belzébuth.

VERTICALEMENT

1. Farouches partisans du libre-échange.

2. Pas né de la dernière averse. Au cœur des Pyrénées.

3. Peut s'étaler dans les toiles ou sur la toile. Régal du petit beuglant.

4. À tézigue. Bouillon de canard.

5. Noyau d'avocat. Restes de boutanche.

6. Un chleu sur son bourrin. Elle fait partie de vos faffes.

7. Difficile d'esgourder quand on en est constipé.

8. S'activait en pleine baston. Demi-bidet.

9. Roi de Juda. Portion de tripes.

10. Le lapinisme enraye évidemment celle de la natalité.

11. Entortillées. Aux confins de la Suède.

12. Mise à l'étude. Fait le mur.

Chenilles

SUR LE THÈME DE
Dadas et jobs : passe-temps et travail

Chenille n° 22

1. Jeu de brêmes fort populaire.

....

2. On y joue pour améliorer l'ordinaire.

....

3. Tente de faire quelques (mauvais) vers.

....

4. Fringues qu'on porte sur le stade ou à la piscine.

....

5. Les ténors y donnent de la voix.

....

6. Autre jeu de brêmes, assez connu lui aussi.

....

7. Jeu d'adresse avec baguettes.

....

8. Jeu de société courant.

....

Chenille n°23

1. Passe-temps de retraités (et de bien d'autres).

....

2. Jeu d'assemblage pour moujingues.

....

3. Quand vous y êtes, vous ne vous barbez pas.

....

4. Elle règne évidemment dans la précédente.

....

5. Zicmu à tempo rapide et rythme répétitif.

....

6. Il s'éclate surtout la nuit.

....

7. Tirer sa flemme.

....

8. Le même, ou glandouiller.

....

Jour 16

Le saviez-vous ?

En 1455, se tient à Dijon le procès des malfaiteurs appelés **Coquillards**, dont les minutes nous éclairent sur le jargon de l'époque et les *Ballades* de François Villon.

Rébus

Quels mots d'argot se cachent derrière ces deux rébus ?

Mot 1 : ....

Mot 2 : ....

Devinette

En argot, que désigne un coup de pied de Vénus ? Cochez la bonne réponse.

❑ Un coup spécial au tennis.

❑ Une position du Kamasutra.

❑ Une infection sexuellement transmissible.

Expressions argotiques : trouvez l'intrus !

QUIZ N° 12

Bruit ou *bastringue*

Avec le bastringue occasionné, entre autres, par les activités et sports mécaniques, il est parfois permis d'envier celui qui est sourd comme un pot et n'a pas à supporter cette avalanche infernale de décibels. Parmi ces équivalents argotiques du bruit, un affirme sa présence avec fracas :

VOCABULAIRE
Arpion : pied
Auge : assiette
Bourguignon : soleil
Centrouze : prison centrale
Cloporte : concierge
En écraser : dormir
Enroupiller (s') : endormir
Essoreuse : motocyclette bruyante
Fade (prendre son) : éprouver l'orgasme
Gaffe : surveillant de prison
Gamberger : penser, réfléchir
Groumer : protester
Meule : moto
Moulin : moteur
Noye : nuit
Piaf : moineau, oiseau en général
Porter le deuil : se plaindre
Quart : commissariat
Taule : ici, hôtel
Turne : chambre, maison
Vénère : en colère, énervé (verlan)

Utilisez la grille de vocabulaire pour vous aider.

- ❑ **1.** *chambard* : « Trois boîtes dans la même rue, groume un vieux cloporte, c'est plus vivable ! La musique à fond, les moulins qui tournent, les gueulantes, les séances de dégueulis, la castagne, y a un **chambard** à devenir cinglé ! »

- ❑ **2.** *raffut* : le jeune écolo est vénère : « Dans la forêt, aujourd'hui, les meules vertes, les quads, les 4x4 font un tel **raffut** que tu peux plus entendre un seul piaf. Quand y t'passent pas sur les arpions ! »

- ❑ **3.** *boucan* : « Pas moyen d'en écraser dans c'te turne, se plaint un client au gérant de la taule, à la piaule d'à côté, ils ont fait du **boucan** toute la noye : sept fois, la gonzesse, qu'elle a pris son fade ! »

- ❑ **4.** *baroud* : à la centrouze : à la bouffe du soir, les taulards, qui renaudent contre un des gaffes, font un **baroud** d'enfer en tapant sur leur auge.

- ❑ **5.** *ramdam* : un gus vient porter le deuil au quart: « Dès le vendredi soir, y font un tel **ramdam** avec leurs essoreuses qu'on peut pas s'enroupiller avant le lever du bourguignon ! »

- ❑ **6.** *bousin* : René à Jojo : « Avec le **bousin** des pelleteuses, des marteaux piqueurs et des bulls, sur le chantier, on s'entend même plus gamberger ! »

Charade 14

Version 1

Mon premier est un article indéfini.

....

On peut clouer mon deuxième à quelqu'un en le réduisant au silence. ....

....

La piqûre de mon troisième n'est jamais appréciée.

....

Mon tout est peu ragoûtant.

....

Version 2

Mon premier peut être pipé.

....

On n'est jamais content de tomber sur mon deuxième.

....

On dit parfois que mon troisième, c'est de la galette.

....

Mon tout peut vous donner la gerbe.

....

Mot troué

Ces poumons sont encore appelés *soufflets* :

E__ O __ __ E __

Mots croisés GRILLE N° 14

	1	2	3	4	5	6	7	8	9	10	11	12
I												
II										■		
III				■					■			
IV							■					
V										■		
VI			■									
VII			■				■				■	
VIII					■				■			
IX		■		■				■				
X												

HORIZONTALEMENT

I. Jules ou Thomas (trois mots).

II. Pas garanti sur facture. Rapière phonétique.

III. Se dit d'une balle qui compte pour des prunes. Patrie de gens qui cogitaient ferme dans l'Antiquité. Blaze de nana.

IV. Ne vous fait pas forcément rire jaune. Son tonton n'est pas toujours un flingueur.

V. On a chez lui une ardoise ou un drapeau. Au creux de l'oreiller.

VI. Se mettent à plusieurs pour se fendre la pipe. Qui sort de la gargoine.

VII. Tranche de melon. À quoi répondait le « père » de Nestor Burma. Se met à table sans difficulté.

VIII. Pas une punaise de sacristie. Petite copine de Ronsard. Service de Marot.

IX. Sa tête est mise à prix. Qui a les tripes retournées.

X. Se dit de contrées où le bourguignon ne fait pas défaut.

VERTICALEMENT

1. Bronzée comme un petit-suisse.

2. Il se lève quand vous levez le coude.

3. Régal du petit bêlant. S'affiche parfois à la boutonnière.

4. Renforce votre accord. Aigle à la sauce rosbif.

5. Actionne le fer à souder. Allocution dont on ne voit pas le bout.

6. Permet de vous vider partiellement la tripe.

7. Bat le pavé. En fin de coït. Des Siciliens dans le milieu.

8. Sablonneuse, mais poétique.

9. Font cesser le vacarme. Baguenaude. Se retourne au Somport.

10. Mises en pli. Fait la bombe.

11. Il se fait parfois avec une bonne casquette en plomb. Est en nage.

12. Elles sont davantage prisées que les sardines.

Chenilles

SUR LE THÈME DE...
Salmigondis de jars : variétés en argot

Chenille n° 24

1. Variété de képi.

....

2. Canasson peu susceptible de figurer dans le tiercé.

....

3. Pas dans le vent.

....

4. Clope de banlieue.

....

5. Dépouillé au jeu, ou plein comme une barrique.

....

6. Il convient souvent de le laisser pisser.

....

7. Amateur de java.

....

8. Petite frangine.

....

Chenille n° 25

1. Variété de perdreau.

....

2. Vraiment mauvais.

....

3. Un jeune des cités.

....

4. Sa cinquième roue désigne un bon à rien.

....

5. Désignation peu amène de l'Angliche.

....

6. Ils sont d'ordinaire rangés dans le larfeuil.

....

7. Caisse commune en Afrique.

....

8. Récipient à mouscaille, faisant office de gogues mobiles.

....

Le dico de l'argot

Mots à relier

Lard •	• Policier
Lardeuss •	• Soleil
Lardon •	• Chaussure
Lardu •	• Fille, jeune femme
Latte •	• De petite taille
Limace •	• Pardessus
Loin-du-ciel •	• Bougie, lampe, faible source de lumière
Loupiote •	• Peau
Lourde •	• Porte
Loute •	• Bébé, jeune enfant
Luisard •	• Chemise

Jour 17

Le saviez-vous ?

Le mot **cambrioler** est à l'origine un mot argotique. Une cambriole désignait, pour les voyous de l'époque, une chambre, évidemment à « nettoyer ».

Rébus

Quels mots d'argot se cachent derrière ces deux rébus ?

Mot 1 : ....

Mot 2 : ....

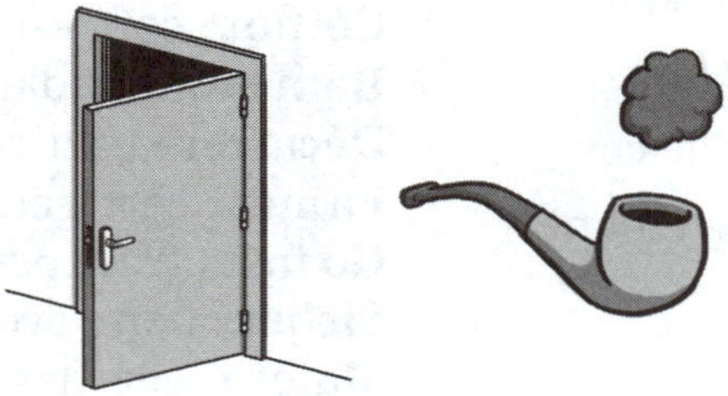

....

....

Devinette

Comment s'appelle le procédé qui consiste à supprimer la dernière syllabe d'un mot, comme dans cinématographe - cinéma - ciné ?

A ....

....

Expressions argotiques : trouvez l'intrus !

QUIZ N° 13
Problème ou *pépin*

Tout ne va pas toujours *comme sur des roulettes*, et même dans l'entreprise la mieux planifiée, nul n'est à l'abri de *tomber sur un bec*. Parmi les équivalents de ces *pépins*, un pose effectivement problème :

VOCABULAIRE
Beuh : cannabis, herbe (verlan)
Bloblo(t)te : tremblements dus aux excès de boisson
Calter : partir rapidement
Coffiot : coffre-fort
Dam : Amsterdam
Décarrer : partir
Fumer : corriger, tuer
Go fast : transport rapide de drogue
Licher : boire avec excès
Mater : regarder
Pelloche : film
Pèze : argent
Porte-pipe : bouche
Rabattre : rentrer

Utilisez la grille de vocabulaire pour vous aider.

- ❏ **1.** *tuile* : Le rouquin a toujours dans le porte-pipe cette forte sentence : « Quand t'ajoutes les **tuiles** aux pépins et aux emmerdes, alors tu peux dire que les carottes sont cuites. »
- ❏ **2.** *couille* : des lascars de go fast : « En décarrant tout de suite, on arrive à dam avant minuit, et s'y a pas une **couille** en route, on rabat ici à 5 plombes du mat'. »
- ❏ **3.** *blème* : « Eh ! dis donc, enfoiré d'ta race, y a comme un **blème**, là : cette meuf-là, c'est la mienne, calte en vitesse si tu veux pas qu'j'te fume ! »

☐ **4.** *navarro* : dans les pelloches ou les séries policières, il y a toujours un **navarro** qui se pointe pour corser l'intrigue.

☐ **5.** *lézard* : tout en matant les meufs, trois potes devisent sur un banc du square : « Dans le bizness, quand on est réglo, y a pas d'**lézard**, t'aboules ton pèze, j'te file ta beuh. »

☐ **6.** *os* : « Le casse de la bijouterie, c'était un bon plan, mais y a eu un **os** : Frédo s'est gouré de vitesse et a reculé avec la bagnole-bélier dans une boulangerie ! »

☐ **7.** *hic* : y avait pas plus fortiche que Jo pour déboucler un coffiot, le **hic**, c'est qu'à force de licher, il avait chopé la bloblotte, et y fallait pas être pressé !

Charade 15

Version 1

Mon premier est un oiseau et peut désigner aussi une jeune femme.

....

Mon deuxième est un champion.

....

Une dame ne dévoile pas volontiers mon troisième.

....

Mon tout consiste à jeter des pierres.

....

Version 2

Mon premier se gèle les roustons.

....

Mon deuxième touche sa bille.

....

Mon troisième s'exprime en balais ou en carats.

....

Mon tout vise les keufs.

....

Anagramme

OUTREES

Pas de quoi être outrées, Mesdames, si on vous offre cette bouteille de champagne obtenue par anagramme !

Mots croisés GRILLE N° 15

	1	2	3	4	5	6	7	8	9	10	11	12
I												
II										■		
III									■			
IV				■								
V							■					
VI			■		■							
VII				■								■
VIII					■						■	
IX						■		■				
X									■			
XI		■								■		

HORIZONTALEMENT

I. Ont en principe un bon coup de pinceau.

II. Ils boursicotent à l'Embrouille. Ce machin-là.

III. Cherche à vous en mettre plein la vue. Un fameux Baba.

IV. Favorise l'éclosion des pontes. Enclin à enfiler les mouches.

V. Trames. Il est rare qu'on ne la trouve pas quand on la cherche.

VI. S'utilise comme crack. Te conduis comme un pochetron.

VII. À vin, il désigne un biturin. Autrefois, atteints de syphilo.

VIII. Il n'a pas son pareil pour bêcher. Elle est réputée battre le beurre.

IX. C'est tout naturellement qu'il passe par l'entrée des artistes. Ribouldingue.

X. De sinistres nostalgiques. Parfois à chier.

XI. Amateur d'éclate. Bout dans la casserole.

VERTICALEMENT

1. Font de la restauration rapide.

2. Elle ne pense qu'au tout dernier cri.

3. Ça chauffe quand sa robe raccourcit. Un barbouilleur du XIXe.

4. Elle a ses coureurs. Fait réfléchir. Bled pour un djez.

5. Affecte les feuilles de chou. Premier d'une série romanesque plus que centenaire.

6. Pas bonnardes du tout. Du zef sur les côtés.

7. Souvent complice de truands. C'est une manière de mettre en boîte.

8. Flagada. Retenu.

9. Le même, mais à rebours. Commune de Vienne connue, entre autres, pour sa « Bonne Dame ».

10. Il est monté comme un bourricot.

11. Ouvertes. C'est parfois du poulet.

12. Potables. Bourré comme un coing.

Chenilles

SUR LE THÈME DE...

Bagatelle et galipettes : plaisirs des sens

Chenille n° 26

1. Partie de débauche (bouffe, picole et bagatelle).

....

2. Il prend le plus grand soin, Madame, de votre minette.

....

3. Des menstrues d'allure fort champêtre.

....

4. Porteur de cornes.

....

5. On l'enlève en principe pour voir la feuille à l'envers.

....

6. Un adepte de la jaquette flottante.

....

7. Partie fine, quoique en verlan.

....

8. Des seins plantureux.

....

Chenille n° 27

1. Elle se taille comme une pipe.

....

2. Cette prestation peut très bien s'y effectuer.

....

3. Une fille de bien mauvaise vie, une paillasse (4 mots).

....

4. Elle incite à la luxure.

....

5. Une bite de lascar.

....

6. Ce sont bien évidemment des bijoux de famille.

....

7. Des seins à connotation enfantine.

....

8. D'abord un pédé, mais plus souvent un lâche, un type veule.

....

Le dico de l'argot

Mots à relier

Malfrat •	• Lourd, massif
Marcotin •	• Tête
Margoulette •	• Bière
Marron •	• Mois
Mastoc •	• Langue (organe)
Mégoter •	• Truand
Menteuse •	• Coup de poing
Mézig(ue) •	• Anus, postérieur
Mirettes •	• Misère, situation difficile
Mistoufle •	• Moi
Mousse •	• Yeux
Moutardier •	• Lésiner

Jour 18

Le saviez-vous ?

Les **roberts**, pour désigner les seins, doivent ce nom à l'industriel Robert qui, dans les années 1860, mit au point le « biberon Robert à soupape ». Cette marque domina longtemps le marché de l'allaitement artificiel.

Rébus

Quels mots d'argot se cachent derrière ces deux rébus ?

Mot 1 : ....

Mot 2 : ....

....

....

Devinette

Parmi ces expressions désignant le sexe de l'homme, en figure une inusitée. Cochez la bonne réponse.

❑ L'anguille de garçon
❑ Le fifre à crinière
❑ Le cigare à moustaches
❑ Le chauve à col roulé

Expressions argotiques : trouvez l'intrus !

QUIZ N° 14
Beaucoup ou *une flopée*

Pour rendre l'idée d'abondance, il existe une *foultitude* d'expressions : *des bottes*, *des tas*, *un paquet*, et *une tapée* d'autres. Parmi celles qui suivent, une se trouve quand même bien esseulée :

VOCABULAIRE
Abouler sa barbaque : venir, arriver
Bled : pays, ville d'origine
Braco : braconnier
Coinsteau : coin, secteur
Envoyer la sauce : éjaculer
Gouine : lesbienne
La mettre au chaud (se) : pour un homme, faire l'amour
Mare aux harengs : mer, et plus spécialement océan Atlantique
Pastaga : apéritif anisé
PPH : sigle pour « passera pas l'hiver »
Problo : problème
Rebarrer (se) : repartir
Viser : regarder

Utilisez la grille de vocabulaire pour vous aider.

☐ **1.** *bézef* : Jeannot à Riton : « T'en connais **bézef**, aujourd'hui, des gonzesses qui savent te remplacer un bouton de braguette ou une fermeture éclair ? – Y en a pus ! »

☐ **2.** *une palanquée* : le PPH à son petit-gniard : « De mon temps, à la fin de l'été, des hirondelles, y en avait **des palanquées** sur les fils, elles s'assemblaient pour se rebarrer au bled. »

☐ **3.** *une mégachiée* : Gros-Jean et Riri philosophent devant un pastaga : « Dans l'univers, t'as **une mégachiée** d'étoiles, plus que de grains de sable dans la mare aux harengs. On est bien peu de choses ! »

☐ **4.** *à toison* : au camping, deux animateurs : « Vise un peu c't'arrivage de meufs pour le week-end, y en a **à toison** ! y aura pas de problo ce soir pour la partie de traversin ! »

☐ **5.** *en pagaille* : aux champignons : « Aboule ta barbaque dans le coinsteau, dit P'tit Jean à Armand, le mécano, y a des trompettes **en pagaille**. – Y en a un wagon ici aussi. »

☐ **6.** *une bardée* : « Je ne vais plus faire de canyoning en Sierra de Guara, dit Thib, y a toujours **une bardée** de touristes qui se croient obligés de gueuler comme des ânes. »

☐ **7.** *à la pelle* : Le Rouquin à Jojo : « Si jamais tu cherches des vidéos de gouines, t'en as **à la pelle** sur Internet, plus qu'un évêque en bénirait ! »

☐ **8.** *une tripotée* : un vieux braco : « Quand les brochets fraient, **une tripotée** de jeunes mâles se frottent contre la panse des femelles. Y font sortir les œufs et y z'ont plus qu'à envoyer la sauce. »

Charade 16

Version 1

Mon premier est la partie inférieure du bâtiment.

....

Mon deuxième peut être bon ou mal.

....

Mon troisième est une note de musique.

....

Mon tout se sert en fin de repas.

....

Version 2

Mon premier s'en est mis jusque-là et n'en peut plus.

....

Mon deuxième sert de balai.

....

Mon troisième est encore appelé « endosses ».

....

Mon tout se briffe en principe avec un coup de pinard.

....

Mot troué

Trouvez facilement cette belle paire de bacchantes en javanais :

M__ __ S__ A__ __ C __ E __

Mots croisés GRILLE N° 16

	1	2	3	4	5	6	7	8	9	10	11	12
I												
II								■				
III											■	
IV					■				■			
V						■		■				
VI			■							■		
VII											■	
VIII							■					■
IX									■			
X			■				■					

HORIZONTALEMENT

I. Travaux d'approche.

II. File la gerbe. Bien polie.

III. Mises en page.

IV. Recouvre le barreau de chaise. Château-Lapompe. Lopin de mer en Grèce.

V. Change de nom en arrivant dans les Alpes. Crèche de paysans russes.

VI. Personnel. Abritent des tarins mais pas des blairs. Une pointure.

VII. Ils ont les dents qui rayent le parquet.

VIII. Peut se dire d'explosifs. Plutôt beauf sur les bords.

IX. Au plus haut point nocif. On le prend pour s'habituer.

X. Entrée en matière. A sa pomme. Loin d'être cool.

VERTICALEMENT

1. Remonte les bretelles ou secoue le paletot.

2. De gros poiscailles y génèrent de petits pescales.

3. Bamboula. A ses grosses têtes.

4. Ils les ont bien accrochées, un peu trop même.

5. Regimba. Peut se dire d'un nid douillet.

6. Trimballe sa viande. Endroits appropriés pour s'embourber.

7. Attitudes typiques du snobinard.

8. Repassé. Des gaziers comme vous et moi.

9. À casquer. Grand jaspineur de l'Antiquité.

10. Stupéfié. Fringué.

11. Qui a du bon raisin. Essence en provenance du Gabon. Permet d'ouvrir la lourde.

12. Une tuerie ! C'est du kif.

Chenilles

SUR LE THÈME DE...
La carcasse : le corps humain

Chenille n° 28

1. Vous y nouez votre étrangleuse.

....

2. En rapport avec des vertèbres.

....

3. Il se visse sur votre cafetière.

....

4. Postérieur exclusivement féminin.

....

5. C'est là que vous logez vos arpions.

....

6. Vous l'enfilez pour faire votre jogging.

....

7. Toute fringue ou frusque susceptible d'abriter votre viande.

....

8. Partie de votre bobine qui peut être en galoche.

....

Chenille n° 29

1. Que les convenances empêchent d'aborder.

....

2. Se dit d'un habit qui vous gonfle, sans pour autant vous lasser.

....

3. Partie la plus charnue de votre individu, logée dans le précédent.

....

4. Pratiquer la course à pied (avec le survêt' idoine).

....

5. Elle est censée, Madame, affiner votre taille.

....

6. Il est vêtu de blanc et a la tronche enfarinée.

....

7. Reins.

....

Le dico de l'argot

Mots à relier

Paddock •	• Cimetière
Palanquée •	• Réprimander
Paletot sans manches •	• Pastis
Parc des refroidis •	• Lit
Passer un savon •	• S'amuser
Pastaga •	• Coït
Pastiquette •	• Moineau, oiseau quelconque
Piaf •	• Cercueil
Poiler (se) •	• Pourri, nul, sans intérêt
Pourrave •	• Grande quantité

Jour 19

Le saviez-vous ?

Dans sa chanson ***Le Moyenâgeux***, hommage à Villon, Brassens évoque le jeu de la bête à deux dos, mais cette manière de pratiquer le coït est une création de Rabelais.

Rébus

Quels mots d'argot se cachent derrière ces deux rébus ?

Mot 1 : ....

Mot 2 : ....

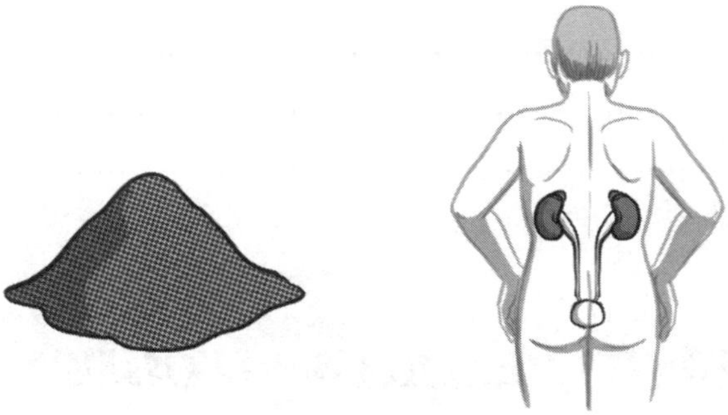

....

....

Version

Comment traduiriez-vous le texte de cette publicité ?

« Clapez cinq fruits par jour », qu'y disent à la téloche, « c'est bon pour la santoche ! ». Le hic, c'est qu'y coûtent la peau des quetsches et qu'y sont bourrés de pesticides.

....

....

....

....

....

Expressions argotiques : trouvez l'intrus !

QUIZ N° 15

Grand et fort ou *mastoc*

Un *grand costaud* a assurément plus de chances de réussir dans la vie ou auprès des *meufs* qu'un *gringalet* ou une *demi-portion*. Parmi ces équivalents de la robustesse, un ne fait pas le poids :

VOCABULAIRE

À la redresse : malin, rusé
Affaler (s') : reconnaître, avouer
Barbouille : peinture
Battoir : grosse main
Brousse : campagne
Châsse : œil
Chibre : membre viril
Danse : correction
Droper : courir
Fun : plaisir
Lancequine : urine
Morfler : encaisser, recevoir
Racho : rachitique
Sentinelle : étron
Tarin : nez
Vit : membre viril

Utilisez la grille de vocabulaire pour vous aider.

❑ **1.** *mailloche* : à la piscine, le maillot moule-bite du maître-nageur laisse deviner un chibre **mailloche** et fait saliver quelques naïades.

❑ **2.** *maousse* : les randonneurs évitent une **maousse** sentinelle postée sur le sentier, encore fumante : « Une livre et demie, observe un zig, rigolard, il ne lui manque que la parole ! »

❑ **3.** *rasta* : à un bal de brousse, un **rasta** d'un quintal trente roule les mécaniques. C'est pas pour draguer, il cherche, au pif, un ou deux gusses à qui filer une bonne danse, pour le fun.

❑ **4.** *malabar* : affolé par l'énorme battoir que fait tournoyer à un mètre de son tarin un flic **malabar**, Jo s'affale. Ça l'empêche pas de morfler le gnon et de s'affaler pour de bon !

❑ **5.** *balèze* : « Moi, dit Jeannot La Barbouille, j'suis plutôt du genre racho que **balèze**, j'ai pas fait les écoles, mais j'suis un mec à la r'dresse, j'me démerde mieux qu'un tas d'autres ! »

❑ **6.** *comac* : aux pissotières, Fifi l'homo jette un coup de châsse furtif et lubrique sur le vit **comac** que vient de déballer son voisin de lancequine.

Charade 17

Version 1

Mon premier est une bête de la basse-cour.

....

Mon deuxième est une carte à jouer.

....

Mon troisième est le résidu le plus grossier du blé.

....

Mon tout est un équidé.

....

Version 2

Mon premier se dandine dans la cour du bouseux.

....

Mon deuxième est un cador.

....

Mon troisième est perçu par vos étiquettes.

....

On trouve mon tout en cambrousse ou aux courtines.

....

Anagramme

TRAIN

Faites le boute-en-train en faisant de ce mot un synonyme de « blair » !

....

....

Mots croisés GRILLE N° 17

	1	2	3	4	5	6	7	8	9	10	11	12
I												
II									■			
III						■						
IV							■			■		
V			■									
VI				■			■					
VII								■		■		
VIII					■							
IX				■								■
X					■		■					

HORIZONTALEMENT

I. Vous accompagnent quand vous sucrez les fraises.

II. Retape. Il bandait comme un taureau.

III. Jonc qui ne se pèle pas. Mollusque en forme d'écoutille.

IV. Donne au lard une teinte jaune. Article de revue. Fin de participe.

V. Demi-gau. Intéressante, elle indique un polichinelle dans le tiroir.

VI. Période de grande excitation. Variété de jonc. Point de nos aïeules.

VII. À qui on a couru sur le haricot. Conjonction de planètes.

VIII. Tube qui peut vous pomper l'air. Art de mettre sa boutique en valeur.

IX. Un Teuton. Pas l'état d'esprit d'un gonze détendu du gland.

X. Au cœur de l'Orne. Préserve de la lance.

VERTICALEMENT

1. Contribuent à vous faire un enfant dans le dos.

2. Envoyée à l'abbaye de Monte-à-Regret.

3. Quand chacun crache au bassinet. En rapport avec un fameux trio.

4. Des bronzés d'autrefois. Queue de pie.

5. À s'envoyer en l'air, il n'a pas été le dernier.

6. Donne le ton. Dérouille.

7. Par quoi se désignait César. Leur zigue.

8. Coupe-tifs. Fait aller le canasson à gauche.

9. Matos.

10. Fait du tort. Dans le mouv'. Sainte de nos contrées.

11. Il n'ont pas leur pareil pour vous plomber.

12. Vous l'affichez, Madame, si vous êtes détendue de la nouille.

Chenilles

SUR LE THÈME DE…
La bouffe et la picole : nourriture et boisson

Chenille n° 30

1. Place toute trouvée pour la poule.

……………………………………………………………………………………………

2. Poivrot.

……………………………………………………………………………………………

3. Qui en a un bon coup dans l'aile.

……………………………………………………………………………………………

4. Antigel de Savoie, fabriqué à partir d'armoise.

……………………………………………………………………………………………

5. Bon à manger, mais pas par la racine.

……………………………………………………………………………………………

6. Un frometon du Calvados.

……………………………………………………………………………………………

7. Il n'est jamais conseillé de s'endormir dessus.

……………………………………………………………………………………………

8. On s'en sert pour dégoupiller une boutanche (deux mots).

……………………………………………………………………………………………

Chenille n° 31

1. Fait cramer le duvet d'une volaille.

……………………………………………………………………………………………

2. Celles du pochetron sont manifestes au sortir du bistrot.

……………………………………………………………………………………………

3. Tel le loufiat à l'heure de l'apéro.

……………………………………………………………………………………………

4. Il tient un troquet ou un bureau de tabac.

……………………………………………………………………………………………

5. Ce que vous faites quand vous avez du vent dans les voiles.

……………………………………………………………………………………………

6. Vous tombez parfois dedans au caboulot (2 mots).

....

7. Se dit d'une bonne descente.

....

8. Biberonne à l'excès.

....

Le dico de l'argot

Mots à relier

Rabibocher (se) •	• Tuer
Rabiot •	• Testicule
Rasoir •	• Testicule
Râteau (prendre un) •	• Supplément
Ratichon •	• Sein
Rebecter (se) •	• Se refaire une santé
Rectifier •	• Se faire éconduire
Régulière •	• Revolver
Rencard •	• Rendez-vous
Reniflette •	• Prêtre, curé
Replier son parapluie •	• Mourir
Riflette •	• Importun, casse-pieds
Rigolo •	• Guerre, zone des combats
Robert •	• Épouse légitime
Rosbif •	• Cocaïne
Roteuse •	• Bouteille de champagne
Roubignole •	• Se réconcilier
Roupette •	• Anglais

Mots croisés. GRILLE N° 18

	1	2	3	4	5	6	7	8	9	10	11	12
I												
II												
III									■			
IV						■				■		
V							■				■	
VI			■									■
VII				■				■				
VIII					■							
IX		■					■					
X										■		

HORIZONTALEMENT

I. Vendent leurs salades sans être forcément maraîchers.

II. Qui devrait carburer au quart de poil.

III. Pousse au menton. Il rebique par définition.

IV. On le trouvait couramment dans nos fouilles. Sirop d'ablette. Fond de ketchup.

V. Prises en filoche. Vous fait halluciner.

VI. Aux sources de l'Amazone. Ils surveillent de près l'âge de leurs pictons.

VII. Il n'y a pas plus ultra que lui. En bava. Décanilla.

VIII. Ribouldingue moderne. Faire du rentre-dedans.

IX. Pour un rien, il se met en boule. Un grand gambergeur frisé.

X. Belle collection de perles. Des cadors dans leur milieu.

VERTICALEMENT

1. Qui vous gonflent.

2. Sous la botte.

3. Haut lieu de la culture hippie. Qui en a un bon coup dans l'aile.

4. Blaze d'un saint, ratichon et évêque de Lyon. Réserve de bière ou d'essence.

5. Pas tout à fait des paletots sans manches. Tête de linotte.

6. Et tout le tremblement. Qui font donc tapisserie.

7. C'est « l'île des Sauvages » du Capitaine Cook. Élément du cintre.

8. Avec elle, plus question d'avoir le ballon. Le britiche par excellence.

9. Orientée au centre. Il vous prend beaucoup d'intérêt.

10. Noyau de pruneau. Annonce de la visite.

11. Qui s'en est mis jusque-là. Qui carbure aux amphètes.

12. Écrins pour bijoux de famille. Objet de Chine sans grande valeur.

Version

SUR LE THÈME DE...
Poulets et faisans : policiers et délinquants

Tentez de rendre plus présentables (et compréhensibles) ces petits textes argotiques !

1) Avec un seul bourre-pif – soigné, faut reconnaître ! –, la mule s'allongea et balança le nom de son fournisseur.

....

....

2) Pour éviter le coup de raclette, Bertrand, qui était sans fafs, bourré comme un coing et enfouraillé, préféra se foutre à la baille.

....

....

3) En planque dans un rade depuis deux plombes, le lardu n'avait pas mégoté : sept demis, qu'il s'était tapés ! Il fut pris d'une envie mailloche de lisbroquer, mais sa sardine égouttée, le suspect s'était évaporé !

....

....

....

....

Reconstituez le lexique !

PR __ J __	Projecteur
PR __ SE	Postérieur, fessier
PR __ NE	Contravention
PR __ N __ __ U	Balle (arme à feu)
P __ C __ ER	Lit

Devinette

Qu'ont en commun **une danse, une tisane, une ratatouille, une rouste** ou **une peignée** ?

....

....

Charade 18

Version 1

Mon premier broute.

....

Mon deuxième est la 19e lettre de l'alphabet grec, ou croix de Saint-Antoine. ....

....

Mon troisième défile au carnaval.

....

Mon tout est vraiment timoré.

....

Version 2

On fout mon premier à quelqu'un en le laissant tranquille.

....

Mon deuxième est la moitié d'un pou.

....

Mon troisième est du bluff, des histoires.

....

Mon tout les a moites.

....

Jour 22

Le saviez-vous ?

Dans *Le Père Goriot*, Balzac parle déjà du mot **tronche**, « tête », qu'il oppose à sorbonne, « tête » également, mais en tant que siège de la pensée.

Rébus

Quels mots d'argot se cachent derrière ces deux rébus ?

Mot 1 : ....

Mot 2 : ....

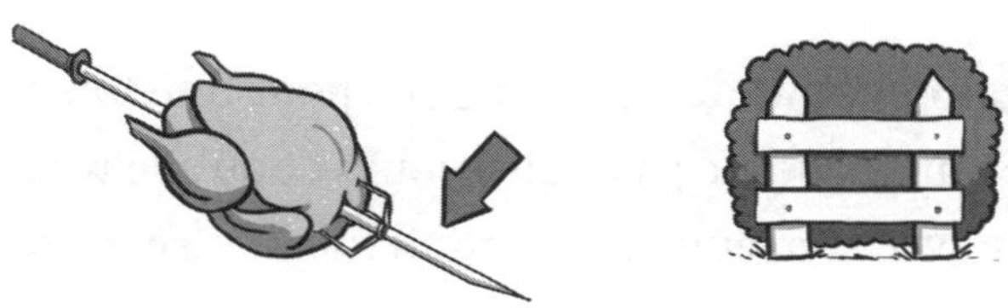

....

....

Devinette

En 1455, a lieu à Dijon un procès de malfaiteurs qui, pour la première fois, nous éclaire sur leur langage et la poésie de François Villon. Il s'agit du procès :

❑ des Coquillards

❑ des Coquillettes

❑ des Corbillards

❑ des Roquevillard

Expressions argotiques : à vous de traduire !

Compléter les mots troués pour découvrir les traductions de ces phrases en argot.

Maud n'avait vraiment pas de fion : pour une fois que son homme décarrait de la crèche pour quelques jours et qu'elle pensait se la jouer crapuleuse avec son gigolpince, fallait qu'elle ait ses arcagnats !

Maud n'avait vraiment pas de c__ __ n __ e : pour une fois que son m__ __ i devait s'absenter quelques jours et qu'elle pensait en pr__ __ __ter avec son jeune a__ __nt, il fallait qu'elle soit in__ __ __ __ __ __ée !

Avec un châsse qui joue à la belote et l'autre qui compte les points, Fernand a bien du mal à pas se paumer dans le tromé. Pour cézig, toutes les stations, c'est du kif !

Comme il l __ __ __ he outrageusement, Fernand a bien du mal à ne pas se p__ __ __ __e dans le m__ __ __ __. Pour l__ i, toutes les stations se r __ __ __ __ __ __ __ ent !

Charade 19

Version 1

Mon premier est souvent associé au vieillard.

....

Mon deuxième est un lopin de terre.

....

Mon troisième est un article indéfini.

....

Mon tout consiste à tirer à coups répétés.

....

Version 2

Mon premier passe l'arme à gauche.

....

La zicmu fait partie de mon deuxième.

....

Mon troisième roule sur la piste.

....

Mon tout consiste à défourailler à tout va.

....

Mot troué

Cette expression désigne l'oreille d'un artisan, d'un ouvrier :

É _ A _ _ _ E À M _ _ _ T

Mots croisés GRILLE N° 19

	1	2	3	4	5	6	7	8	9	10	11	12
I												
II								■				■
III												
IV					■							
V						■					■	
VI			■									
VII				■					■			
VIII						■				■		
IX				■								
X							■					■

HORIZONTALEMENT

I. En toutes circonstances, il n'en a rien à cirer.

II. Petit piaf. On la double du côté de Valence.

III. Qui coûte la peau des fesses.

IV. Également familier. Par conséquent imbitables.

V. Un gonze méprisable ou sans intérêt. Un vrai gouffre.

VI. Ligoté. Elle a sa casbah dans le Gard.

VII. Agrémentent souvent le parc des refroidis. Au cinoche, ils passent du coq à l'âne. Imitation.

VIII. Mélange de gratin et d'huiles. Période propice au décarpillage. Il est poussé par le bêlant.

IX. Les lascars n'y kiffent pas beaucoup le leur. Elles vous bavent sur les rouleaux.

X. Support de titine. Pas du bidon.

VERTICALEMENT

1. Spécialiste des rivières, mais pas d'hydrologie.

2. Mouises ou galères, en tout cas, c'est pas la joie !

3. Vieille rapière. Gros bonnets anglais.

4. Poète chilien qui a affuré le Nobel en 1971.

5. Abrège un blaze de nénette. S'en prend à l'estogom.

6. Préfixe en rapport avec le pinard. Chef-lieu. A éprouvé une contraction.

7. Ils se berlurent drôlement.

8. Instit de brousse, autrefois.

9. Loin d'être juste. Baisée.

10. Notent sévère. Clôture à la baisse.

11. Remorque. Celui qui le reçoit a le bonjour d'Alfred.

12. C'est ainsi que le noir se paye.

SUR LE THÈME DE...
Dadas et jobs : passe-temps et travail

Chenille n° 32

1. On ne risque guère de la rencontrer dans un voyage organisé.

....

2. Boulot qui ne vous permet guère de vous éclater.

....

3. Ses feux vous en mettent plein la vue.

....

4. D'art, elle peut aussi réjouir vos châsses.

....

5. Gambille d'autrefois.

....

6. On s'y livre à des jeux sado-masos, ou demeure du seigneur.

....

7. Jouer comme une otarie.

....

8. Passe-temps toujours instructif.

....

Chenille n° 33

1. Travaillant au sol, il ne peut, dans son job, s'envoyer en l'air.

....

2. Pour le gratte-papier, c'est quitter le service de l'Etat pour le privé. ....

....

3. Se la couler douce ou peigner la girafe.

....

4. Il s'arrange toujours pour trouver du boulot.

....

5. De la haute, il n'a pas, en principe, besoin de bosser.

....

6. C'est peut-être votre patronne...

....

7. Avec ce qu'il touche, c'est le plus souvent qu'il becte à la table qui recule...

....

8. Dèche, galère, mouise...

....

Le dico de l'argot

Mots à relier

Santoche •	• Paupière
Sapé •	• Uriner
Sardine •	• Soutien-gorge
Sardine (égoutter la) •	• Étonner, stupéfier
Sauciflard •	• Galon de sous-officier
Schnaps •	• Eau-de-vie
Scier •	• Saucisson
Scribouillard •	• Bureaucrate, toute personne dont le métier est d'écrire
Se brosser •	• Se passer de, être privé
Soutif •	• Santé
Store •	• Habillé

Jour 23

Le saviez-vous ?

Le succès du mot **rififi**, « bagarre, rixe, affrontement violent », a été assuré par le roman d'Auguste le Breton *Du rififi chez les hommes*, paru en 1953, qui inaugurait toute une série.

Rébus

Quels mots d'argot se cachent derrière ces deux rébus ?

Mot 1 : ....

Mot 2 : ....

....

....

Devinette

À qui doit-on l'image du jeu de la bête à deux dos, pour parler du coït ? Cochez la bonne réponse.

❑ Bossuet

❑ Coluche

❑ Sainte Thérèse de Lisieux

❑ Rabelais

Expressions argotiques : à vous de traduire !

Compléter les mots troués pour découvrir les traductions de ces phrases en argot.

En biglant la manif des étudiants, trois pilons se rappellent avec nostalgie le bon vieux temps de mai 68 : leurzigue aussi, y voulaient changer le monde !

En r __ __ __ __ __ ant la manif des étudiants, trois men __ i __ __ __ s se rappellent avec nostalgie le bon vieux temps de mai 68 : e __ __ __ a__s __ i voulaient changer le monde !

À la roulette, Dédé commençait à se faire un peu de velours, quand il fut pris d'une courante pas possible. Seulement, en rallégeant des gogues, la chance avait tourné !

À la roulette, A __ __ __ é commençait à en __ ran __ er quelques g__ __ __ s, quand il fut pris de co__ i __ ue. Malheureusement, quand il revint des to__ le__ tes, la chance avait tourné !

Charade 20

Version 1

Mon premier n'est ni un tiers ni une moitié.

....

Mon deuxième sert à vous couvrir.

....

Mon troisième a vu le jour.

....

Mon tout peut qualifier une grippe sévère.

....

Version 2

Mon premier peut être bourré de CRS.

....

Mon deuxième désigne des fringues.

....

Mon troisième n'est autre que votre tarbouif.

....

Mon tout peut qualifier une cuite de compèt'.

....

Anagramme

ULCERES

Ne le soyez pas si vous ne parvenez pas à trouver ce verbe qui correspond à « lever le coude » !

....

....

Mots croisés GRILLE N° 20

	1	2	3	4	5	6	7	8	9	10	11	12
I												
II											■	
III							■		■			
IV					■							
V			■							■		
VI											■	
VII					■							
VIII						■				■		
IX							■		■			
X											■	

HORIZONTALEMENT

I. Effet de la fièvre acheteuse.

II. Genre de bouquets ou variété de clous.

III. Sirop de corps d'homme. Émeutes dans le centre.

IV. Elle est plate comme une limande. Boustifaille.

V. À l'origine des espèces. Canard pour jeunabres. Chute de tifs.

VI. Qui n'a pas le même son de cloche.

VII. Fourmi inconnue du fabuliste. Pas bien reluisant.

VIII. Des braves. Grugés. Voie rétrécie.

IX. Des nanas qui rappellent d'excellentes nageuses. Et tout le tremblement.

X. Caractéristique du cabochard.

VERTICALEMENT

1. C'est toujours mieux que rien quand on la saute (deux mots).

2. Elle est parfois marquée par des clous.

3. Occasion de sortir ses ribouis. Une brune qui peut vous rendre noir.

4. Qui vous met la rate au court-bouillon.

5. Fait de la résistance. Exposé sans queue ni tête. Dessus de table.

6. Rassemblement de coucous. Queue de cerise.

7. Mémoire courte. En rapport avec le clapoir.

8. Il n'est pas forcément au septième ciel quand il s'envoie en l'air.

9. Personnel. Fringues de gambilleuse.

10. Bouillon apprécié dans le nord de l'Italie. Chef d'équipe. Amène l'addition.

11. Chic, élégant (mais vieilli). C'est dans ce bled des Pyrénées-Atlantiques que Barthes étrenna son paletot sans manche.

12. Éclat qu'on n'aperçoit plus guère de nos jours.

Chenilles

SUR LE THÈME DE...
La carcasse : le corps humain

Chenille n° 34

1. Ouvre les écluses.

....

2. Elle vous occasionne une belle boule de billard.

....

3. Il protège votre carcasse de la lance.

....

4. Elle fait office d'entremichon.

....

5. Abréviation familière qui vous fait revenir de loin.

....

6. Numérotez-les si vous êtes sur le point de prendre une raclée !

....

7. Morceau de flûte.

....

8. Discipline sportive qui fait appel à vos guibolles et à vos mirettes.

....

Chenille n° 35

1. Se débarrasse de sa cellulite.

....

2. Elle déforme momentanément votre bobine.

....

3. Saillie de l'os temporal située derrière vos étiquettes.

....

4. Elles vous viennent en vous creusant le citron.

....

5. Moutardier un peu plus correct.

....

6. Tout n'est pas perdu lorsqu'elle est étranglée.

....

7. Ils sont à l'aise dans leur soutif.

....

8. Pousse au menton (sans être un uppercut !).

....

Le dico de l'argot

Mots à relier

Titine •	• La même chose
Taf •	• Travail
Terrine •	• Avoir mauvaise haleine
Troufigner •	• Être expert, s'y connaître
Taulard •	• Prisonnier
Tireur •	• Patron
Taulier •	• Tête
Toile (la) •	• Cheveux
Tabac (le même) •	• Pickpocket, voleur à la tire
Tripotée •	• Voiture
Toc •	• Faux, imitation
Tremper le pinceau •	• Le Web, Internet
Tâter (en) •	• Faire l'amour
Tifs •	• Grand nombre
Tuer le ver •	• Sentir mauvais
Taper du goulot •	• Boire de l'alcool à jeun

Jour 24

Le saviez-vous ?

Le **verlan** est attesté bien avant la seconde moitié du XXe siècle. Au XVIIe siècle, on disait déjà les Bonbours pour les Bourbons ; en 1842, un bagnard parle de Lontou pour Toulon. Voltaire lui-même a pu choisir son pseudonyme à partir de la commune d'Airvault, où il passait ses vacances.

Rébus

Quels mots d'argot se cachent derrière ces deux rébus ?

Mot 1 : ....

Mot 2 : ....

....

....

Devinette

Comment s'appelaient les Pieds nickelés, les trois débrouillards des bandes dessinées de Forton ?

❑ Croco, Filo et Ribou

❑ Croquignol, Filochard et Ribouldingue

❑ Branquignol, Filocheur et Riboustin

Expressions argotiques : à vous de traduire

Compléter les mots troués pour découvrir les traductions de ces phrases en argot.

Kevin s'apprêtait à sauter du train en marche quand la sonnerie de son portable couina. Neuf mois plus tard, rapport à cette fausse manœuvre, débarquaient deux chouettes têtards, qu'on intitula Julie et Pauline.

Kevin s'apprêtait à pratiquer le « *coïtus interruptus* » quand la sonnerie de son téléphone portable re _ _ _ _ _ t. Neuf mois plus tard, suite à cette fausse manœuvre, na _ _ _ _ _ _ _ _ t deux b _ _ _x_b _ b _ s, qui furent pré _ _ _ _ és Julie et Pauline.

Le vieux forgeron du patelin était tellement morfale que lorsqu'il pauma ses dernières ratiches, à 87 carats, il se mit à broyer du noir et il finit par se passer une cravetouse de chanvre au corgnolon.

Le vieux forgeron du v _ _ _ _ _ e était tellement g_ _ _fre que, lorsqu'il pe_ _ it ses dernières d _ _ _ _, à 87 _ _ s, il se mit à d _ pri _ er et finit par se p _ _ _ re.

Charade 21

Version 1

Mon premier est une situation particulière.

....

Mon deuxième est un rongeur.

....

Mon troisième s'abat précipitamment.

....

Mon tout est tout simplement votre tête.

....

Version 2

Mon premier est parfois pendable.

....

Mon deuxième est un gaspard.

....

Mon troisième est un reste de boutanche.

....

Mon tout désigne votre ciboulot.

....

Mots troués

PI __ UTER : coucher, dormir

F __ IGN __ SSE : fainéant

Mots croisés GRILLE N° 21

	1	2	3	4	5	6	7	8	9	10	11	12
I												
II												
III								■		■		
IV				■		■					■	
V				■								
VI			■								■	
VII								■				
VIII		■					■					
IX					■				■			
X								■				

HORIZONTALEMENT

I. Qui ne se voit plus pisser.

II. Qui n'attachent pas leur chien avec des saucisses.

III. Avoir des oursins dans le morlingue. Notes de frais.

IV. Un vin blanc s'y fait mousser. Bouillon d'Europe de l'Est.

V. Personnel. Prise de bec.

VI. Sur le calendar. Jactance d'Amérique du Sud.

VII. Ronchonner. Un rigolo dont notre maître Laclos fut un spécialiste.

VIII. Fumeron ou ripaton. Pas mastard.

IX. Temps de rêve pour se mettre à loilpé. Devait faire un effet bœuf. Symbole de fermeté.

X. Elle vous les brise sévère. Variété d'herbe.

VERTICALEMENT

1. Prendre un billet de parterre.

2. Fute-fute. À ton gniasse.

3. En mauvais état. Essences d'Amérique tropicale.

4. Fait une distinction. Peut se dire d'un perniflard.

5. Vieux jeu.

6. Rafraîchissement de britiche. Condés.

7. Moyen de locomotion écolo. Cadre de réserve.

8. Cardinaux. Son os à moelle n'était pas fait pour les chiens. Possessif.

9. Qu'on peut aisément prendre pour une truffe.

10. Bout de chandelles. Punaise introuvable en sacristie.

11. Elle est souvent arpentée par la punaise de sacristie. Redouble pour devenir actrice.

12. Lardon en principe fort goûté du tsar.

Chenilles

SUR LE THÈME DE...
La bouffe et la picole : nourriture et boisson

Chenille n° 36

1. C'est lui qui vous met (ou vous remet) une tournanche.

....

2. Un pique-assiette indésirable à votre buffet.

....

3. Bien doré et appétissant.

....

4. Des salades, mais pas de bonimenteur.

....

5. Ce poiscaille au four (ou autrement) vous réjouit les papilles.

....

6. Bar à picrate en Espagne.

....

7. Qui s'en est fait péter la sous-ventrière.

....

8. Apéro à base de vin blanc et de plantes aromatiques.

....

Chenille n° 37

1. Est à ébullition dans la galetouse.

....

2. Bâfrer.

....

3. En un ou deux mots, il a une place de choix dans la cuistance.

....

4. Dans un plateau de fruits de mer.

....

5. Nantie d'une bonne biture.

....

6. Fruit tropical à saveur délicate et acidulée.

....

7. Se dit d'un pain ou d'un œuf cuit entre deux.

....

8. Elle recueille le jus de la barbaque qui cuit.

....

Le dico de l'argot

Mots à relier

Vermicelles •	• Tomber
Veste •	• Cheveux
Viande à pneu •	• Échec aux élections
Violon •	• Vétérinaire
Valdinguer •	• Piéton
Véto •	• Vieux
Vioc, viocard •	• Prison

Jour 25

Le saviez-vous ?

Albertine Sarrazin a intitulé son roman autobiographique ***L'Astragale*** parce qu'elle s'était brisé ce petit os du tarse en sautant d'un mur pour s'évader de prison.

Rébus

Quels mots d'argot se cachent derrière ces deux rébus ?

Mot 1 : ....

Mot 2 : ....

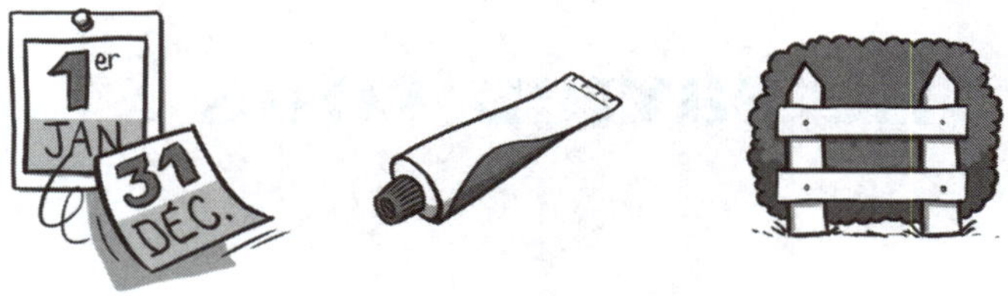

....

....

Devinette

Ces noms communs argotiques tirent leur origine de noms propres, sauf un. Cochez la bonne réponse.

❑ Bénard (pantalon), du nom d'Auguste Bénard, confectionneur parisien

❑ Deffe (casquette), du nom de Desfoux, chapelier à Paris

❑ Eustache (couteau), du nom d'Eustache Dubois, coutelier à Saint-Étienne

❑ Ras-la-touffe (mini-jupe), du nom de la styliste russe Anastasia Ralatouf.

Expressions argotiques : à vous de traduire !

Compléter les mots troués pour découvrir les traductions de ces phrases en argot.

Un bricheton d'une livre, un bon sifflard, un chouette claquos, le tout arrosé d'un coup de jaja, qu'est-ce que le pauvre peuple demande de plus !

Un p__ __ __ d'une livre, un bon sa __ __ __ __ __ __ n et un f __ o __ __ __e alléchant, le tout arrosé d'un verre de v __ __ , que peut-on demander de plus ?

Le vieux biberonneur arborait, au milieu de la trogne, une superbe aubergine. Ça avait dû lui coûter bonbon pour la mettre en couleur !

Le vieil iv __ __ __ ne arborait, au milieu de la fi __ u __ e, un superbe n __ __ cramoisi. Il avait dû en d __ __ enser, de l'a __ __ ent, pour le mettre dans cet ét __ __ !

Charade 22

Version 1

Mon premier est une conjonction de coordination.

....

Mon deuxième est un pronom personnel ou un adverbe.

....

Mon troisième est un récipient.

....

Mon quatrième est une pièce de la charrue.

....

Mon tout est une série de chocs sur la route.

....

Version 2

Mon premier peut transporter des condés.

....

Mon deuxième est une pige.

....

Le coup de mon troisième signifie que vous êtes verni.

....

On prend mon quatrième comme on prend du bouchon.

....

Mon tout est une partie de traversin ou un entrechoquement de caisses. ....

....

Anagramme

ISARD

Faites prospérer cet isard en le changeant en oseille (ou en orteil) !

....

Mots croisés GRILLE N° 22

	1	2	3	4	5	6	7	8	9	10	11	12
I												
II									■			■
III				■								
IV					■						■	
V			■									
VI							■		■			
VII					■			■				
VIII												■
IX						■						
X		■								■		

HORIZONTALEMENT

I. Être prêt pour un retour à la terre.

II. Tapineuse quelque peu littéraire. Coule de source.

III. Son homme est du bâtiment. Fabricant de pare-brise.

IV. N'a guère sa place au soleil. Il est naturellement écrit en arbi.

V. Note de frais. Fait partie du pinceau.

VI. Pas comme un bibendum. Fait la bombe.

VII. Maître des zefs. Pansus au milieu. Espèces disparues.

VIII. Mettaient la main au panier.

IX. Le bicot en raffole. Elle dérange votre bureau.

X. Enquillent. Au cœur des Cévennes.

VERTICALEMENT

1. Traditionnel emballage du nougat.

2. Ne boulotte pas de barbaque.

3. Fourmi parasol. Le dessus du panier.

4. Dans la bouche d'un morpion hargneux. Pour noter vos rencards ou vos gamberges.

5. Poil au calot. Sur le calendar. Détiennent.

6. Propagent de mauvais bruits.

7. Un caïd au barreau. Se dit d'une femme encore appelée « guette-au-trou ».

8. Haut lieu de la pédale. Petit blaze de l'auteur des James Bond.

9. Effet d'une bombe. C'est parfois une gueuse, mais on ne la court pas.

10. Tenaient l'âne par la queue.

11. Roulée dans la farine. Plus d'une se sentait bien dans sa peau autrefois.

12. Brimborions. Répand de mauvais bruits.

Chenilles

SUR LE THÈME DE...
Salmigondis de jars : variétés en argot

Chenille n° 38

1. Énorme, imposant.

....

2. Viande froide.

....

3. Boutanche de vin rouge.

....

4. Il s'agit de maquillage quand il concerne votre façade.

....

5. Clodo.

....

6. Un rigolo, un fumiste...

....

7. Lâche, dégonflé.

....

8. Ventre qui peut se faire crever, ou prostituée de bas étage.

....

Chenille n° 39

1. Un pneu ou une meuf peu séduisante.

....

2. Il ondule de la toiture.

....

3. On s'y rend pour mouler un bronze.

....

4. Variété courante de pigeon.

....

5. Les mêmes que le 3, mais d'allure plus goguenarde.

....

6. Nous-mêmes, en personne.

....

7. Un gus un peu excentrique.

....

8. Un coup de raide comme digestif.

....

Le dico de l'argot

Mots à relier

Youpin, youtre •	• Musique (par aphérèse)
Zef, zeph •	• Vent
Zic •	• Regarder
Zinc •	• Juif (raciste)
Zob •	• Errer sans but, sans rien faire
Zoner •	• Pénis
Zyeuter •	• Comptoir de bar, avion

Jour 26

Le saviez-vous ?

Le film culte *Les Tontons flingueurs*, qui a fait se marrer la France entière, est tiré d'un roman d'Albert Simonin, ***Grisbi or not grisbi*** (1955) qui, lui, n'a rien d'humoristique.

Rébus

Quels mots d'argot se cachent derrière ces deux rébus ?

Mot 1 : ....

Mot 2 : ....

....

....

Devinette

En argot, le mot éponge(s) peut avoir deux sens. En connaissez-vous au moins un ?
Barrez ceux qui vous semblent faux.

SENTIMENTS IVROGNE MAINS PIEDS CHAUSSONS POUMONS

Expressions argotiques : à vous de traduire !

Compléter les mots troués pour découvrir les traductions de ces phrases en argot.

Après soixante ans de picole, le vieux pionnard avait chopé une bloblote pas possible ! Quand il clapait, il devait faire gaffe à pas se piquer le tarbouif avec sa fourche !

Après soixante ans d'excès de b __ __ __ __ __ __, le vieil iv __ __ __ __ e était saisi de t __ emb __ __ ments terribles ! Quand il m __ __ __ __ ait, il devait faire a __ te __ t __ on à ne pas se piquer le n __ z avec sa fourche __ __ __ !

Qu'il becte des clopinettes ou se fasse péter la sous-ventrière, ses premiers jours de vacances à l'étranger, Raymond les passe à travailler pour la marine, il n'arrive à débourrer qu'au bout d'une semaine.

Qu'il m__ __ __ e peu ou qu'il s'__ mp__ __ __ re, Raymond se trouve c__ __ __ __ ipé à chaque début de vacances à l'étranger. Il ne parvient à aller à la s__ __ le qu'au bout d'une semaine.

Charade 23

Version 1

Mon premier est le trou de l'aiguille.

....

Mon deuxième est une position hiérarchique.

....

Mon troisième est un adjectif possessif.

....

Mon tout est un coléoptère qui perce les graines avec sa trompe.

....

Version 2

Mon premier est un greffier.

....

Mon deuxième envoie une peau de renard.

....

Mon troisième est perçu par les esgourdes.

....

Mon tout désigne les gonocoques.

....

Mots troués

P__SC__L : poisson

M__R__ AUX __AR__NGS : océan Atlantique

P__L__CH__ : main

Mots croisés GRILLE N° 23

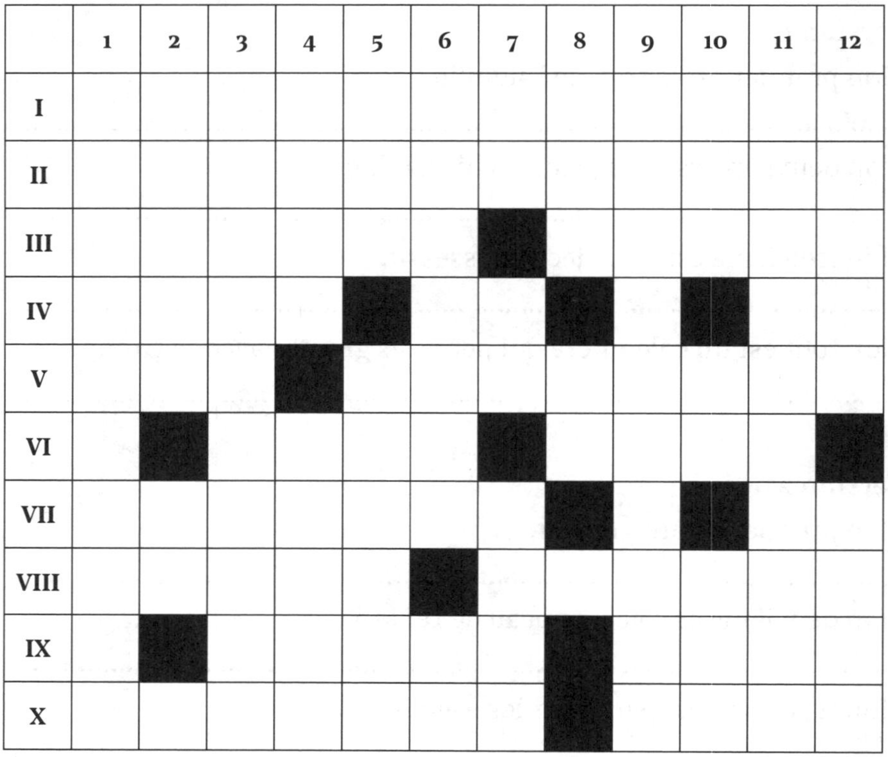

HORIZONTALEMENT

I. Elles n'arrêtent pas de vous bourrer le mou.

II. État de celui qui a la chique coupée.

III. Le coin du feu. Il fait des cordes.

IV. Une ancêtre de Castro ? Personnel. À la base de l'édifice.

V. Début dans les lettres. Qui a tourné de l'œil.

VI. Blase de Russkoff. Expédie des pruneaux bien inoffensifs.

VII. On peut être sucé jusque-là. Titre de propriété.

VIII. Fis comme un Juif. Tire-bouchonnée.

IX. Pratique pour nettoyer les pavillons. Pas toujours facile, en Afrique, d'y piquer une tête.

X. Danses populaires. Qui se trouve dans la minute.

VERTICALEMENT

1. Sur une jambe.

2. En bave. Matière de tocante.

3. Tenancières de rades rudimentaires.

4. Forts comme des bœufs. Grappilla.

5. Joignit les deux bouts. En rapport avec le zeph.

6. Joue les prolongations (deux mots). Petit maître.

7. Pour fermer les guillemets. Laïus dont on ne voit pas le bout. Des bouillons qui vous revigorent.

8. Sa gorge n'a rien de bien affriolant. Scénario sans queue ni tête.

9. Sacs de nœuds.

10. Commissariat sans poulets. Bout de barbaque. Césarin.

11. Mises en cloque.

12. L'arbitre y est le plus souvent aux chiottes. Sa devise était la lyre.

SUR LE THÈME DE…

Poulets et faisans : policiers et délinquants

Chenille n° 40

1. Ce peut être un nid de brigands.

....

2. Un flic qui peut se déplacer en compagnie.

....

3. Le même, mais à la sauce verlan.

....

4. Les keufs l'organisent chez vous pour saisir votre stock de came.

....

5. Policier en civil.

....

6. Fracturer une lourde.

....

7. Il dérange forcément les plans du cambrioleur.

....

8. Faucher.

....

Chenille n° 41

1. C'est là que vous accouchez, parfois au forceps.

....

2. Vous avez besoin de ce bavard pour vous blanchir.

....

3. Au Canada ou ailleurs, c'est là que vous purgez votre peine.

....

4. Le tricard l'est, en quelque sorte, de tel ou tel département.

....

5. Refuser de s'allonger.

....

6. Assommé ou refroidi.

....

7. Contravention.

....

8. Inviter à se mettre à table.

....

Le dico de l'argot

Mots à relier

Asperge •	• De petite taille
Bas-du-cul •	• Pénis
Charbon •	• Mensonge
Clebs •	• Cou
Colbac •	• Travail
Crack •	• Chien
Craque •	• As, champion

Mots croisés GRILLE N° 24

	1	2	3	4	5	6	7	8	9	10	11	12
I												
II												
III							■		■			
IV			■							■		
V				■								
VI			■						■		■	
VII												■
VIII			■					■				
IX					■							
X			■			■						

HORIZONTALEMENT

I. Il a eu son permis de conduire par correspondance.

II. Elle n'a pas forcément le cul entre deux chaises.

III. Bridé. Fait partie de la tignasse.

IV. Entame à pique. Prend du plaisir à siffler. Le bout du tunnel.

V. Couteau (dans le milieu). Il s'occupe des ancêtres.

VI. Tête de lard. Elle vous en fait voir de toutes les couleurs.

VII. Pour le technocrate, ça en jette quand même un peu plus qu'« ingénierie ».

VIII. Urbanisent à droite et à gauche. Un Sicilien bien susceptible. Surnom du rouquin Esaü.

IX. Menu, c'est un œuf sur le plat. Honteux.

X. Chute des ventes. On y met parfois un bémol. Servaient indifféremment à l'athlète grec ou au promeneur romain.

VERTICALEMENT

1. Se dit d'une sieste pas forcément réparatrice.

2. Qui se grattent de manière préjudiciable.

3. Son prix est évidemment intéressant.

4. Il vous empoisonne l'existence. Curiosité du Var.

5. On l'utilise comme rasoir.

6. À la manière d'Artaban.

7. Allocution dont on ne voit pas le bout. Oreilles de mer, mais pas écoutilles.

8. Un spécialiste du pâté. Bled de Seine-Maritime qui a inspiré Flaubert.

9. Tête de lecture. En fin d'alinéa. Des pieds de lascars.

10. En bouche un coin. Dépouilla.

11. De l'argent bien mal employé. Remplace un membre défaillant.

12. On les utilise pour un rejet catégorique. À mézigo.

Version

SUR LE THÈME...
Châssis et fringues : corps et vêtements

Tentez de rendre plus présentables (et compréhensibles) ces petits textes argotiques !

1) Bobosse était si bombé que les gens du patelin bonnissaient qu'il avait son compteur à gaz dans le dos : pourtant, il se chauffait qu'au fuel !

....
....
....
....

2) En baissant son culbutant pour mouler un bronze, le niasse aperçut trois cèpes comacs. Aussi sec, il remballa ses outils et sortit son cure-dents !

....
....
....

3) Dans une manif, un lascar qui a de grandes échasses est avantagé par rapport au rase-bitume : il peut zyeuter d'où vont débouler les condés.

....
....
....

Reconstituez le lexique !

P__ M__ E	Chaussure
P__ __ __TURE	Personnage important
R__ F	Feu
S__ __T__ G__	Santé
T__R__N	Nez
TI__QU__R	Quartier (verlan)
T__RGN__LE	Bonne correction
T__RNE	Chambre, logement

Devinette

Que peut bien être le **chloroforme en barre** ?

....

....

Charade 24

Version 1

Mon premier demande une répétition.

....

Mon deuxième est excessif.

....

Mon troisième a ses orfèvres.

....

Mon tout est un débit de boisson.

....

Version 2

Mon premier peut figurer dans l'adresse de votre bicoque.

....

Mon deuxième est une allure de canasson.

....

Le dur s'arrête le long de mon troisième.

....

On s'humecte les amygdales dans mon tout.

....

Chenille

Chenille n° 42

1. On le sèche au rade, comme un guindal.

....

2. À quoi peuvent conduire la gobette et la picole.

....

3. Pas regardant sur la boustiffe.

....

4. Morfale.

....

5. Se dit d'un bricheton pas frais.

....

6. Ragoût tout indiqué pour un gueuleton de chasseurs.

....

7. On le siffle au zinc, comme le 1).

....

8. Infusion qui ne risque pas de vous cuiter.

....

Mots croisés à gogo ! GRILLE N° 25

	1	2	3	4	5	6	7	8	9	10	11	12
I												
II									■			
III					■						■	
IV										■		
V					■			■				
VI				■								
VII							■					
VIII		■				■						
IX								■				
X				■								

HORIZONTALEMENT

I. Elle a le feu au réchaud et est vouée aux flammes de l'enfer.

II. N'apparaît pas forcément sur chaque page. Taille de ceinture.

III. Fait comme un clebs qui a la pépie. Légumineuse voisine de la gesse.

IV. Variété de singe. Sans état d'âme quand il est plaqué.

V. Dans le panthéon égyptien. As des courses. Coiffure qui donne du fil à retordre.

VI. Blase. Ce que sont le plombard, le bouif...

VII. Un gus comme vous et moi. Un maître greffier chez La Fontaine.

VIII. Une Marie-José au cinoche. Sur le billard.

IX. Dans les bras de l'orfèvre. Qui ne court pas les rues.

X. En chie. Elles sont mises au violon.

VERTICALEMENT

1. Elles travaillent du bigoudi.

2. Funèbre, elle vous flatte, mais vous n'en avez plus rien à secouer. Sans effets.

3. Souffle dans les bronches.

4. Dont on ne convient pas. Un saint typiquement portugais.

5. Arrivent en fin de bail. De nuit, peut-être une moucharde.

6. Empêche le beuglant de prendre la clef des champs. Un millier bien tassé à Rome.

7. Font en sorte que ça ne coince plus. Accord remis en cause.

8. Il est réputé boire beaucoup. Dans le centre de Quimper.

9. Ils sont tout feu tout flammes.

10. Élément du bassin. Ramassis.

11. Un truc à Freud. Idéale pour s'embourber.

12. Qui gondolent de la devanture.

GRILLE N° 26

	1	2	3	4	5	6	7	8	9	10	11	12
I												
II											■	
III						■						
IV			■		■							■
V								■				
VI							■				■	
VII						■						
VIII				■					■			■
IX												
X				■		■						

HORIZONTALEMENT

I. Elle n'a pas un tour de poitrine à trois chiffres.

II. Recherche de jonc dans la rivière.

III. Homme de loi chez les rabzas. Se remarque quand il y a du monde au balcon.

IV. Personnel de première classe. Permet de rectifier avec précision.

V. Dispositif essentiel d'un piège à cons. Islam privé de chef.

VI. Schnaps. Aux trois quarts nase.

VII. Qui ont les godasses à bascule. Camoufle votre blaze.

VIII. Pas bigarré. Descendis. Dans le carafon.

IX. À qui on l'a faite à l'oseille.

X. Fit beaucoup pour déniaiser les jeunes filles. Pas foiré.

VERTICALEMENT

1. Ils ne sont jamais aussi à l'aise que lorsqu'ils sont torchés.

2. Se fait traditionnellement attendre.

3. Fin de participe. Elle est typique de la minette.

4. Se roule exactement comme une saucisse.

5. Fin logique pour la malaria. Sa larve affecte bêlants et gails.

6. Brin de fenouil. Même sans fin, on finit par en voir le bout. Queue de gerfaut.

7. Parfois comme du jus de chaussette. Se dit d'un jour bien peu différent des autres.

8. Qu'on a vraiment dans le pif. C'est là qu'on envoie les fiévreux.

9. Elle est friande de petits salés. Parfois beurré quand il est petit.

10. Difficiles à entraver.

11. Perroquet non anisé. À carmer.

12. Apporte de l'énergie au travail. Son col n'est pas très difficile à remonter. Plutôt haut de gamme.

GRILLE N° 27

	1	2	3	4	5	6	7	8	9	10	11	12
I												
II												
III					■			■				■
IV						■						
V										■		
VI			■					■				
VII							■					
VIII				■							■	
IX			■					■				
X								■				

HORIZONTALEMENT

I. Manière nullement déloyale de se mettre à cinq contre un.

II. N'a pas besoin de berceuse pour vous endormir.

III. Qui campe sur ses positions. Sa verge vous fait du bien. C'est la frangine de B.B. dans une pelloche de Clouzot.

IV. Outil de tranche-lard. Kilbus.

V. Qu'on vous redemande de banquer. Précède le nu.

VI. Pas compris. Ce n'est pas l'expression de celui qui se fend la pipe. Émis quand on se tape la cloche.

VII. Qui a l'estome à l'air. Il bande comme un cerf.

VIII. Fond de boutanche. Ne peut qualifier un chevalier de la rosette.

IX. Saint ne se prononçant pas. Soudée. N'est efficace qu'à trois.

X. Butée, mais pas assassinée. Ils sont perçus par la portugaise.

VERTICALEMENT

1. Elle grouille de morpions.

2. Celui qui en est victime bande évidemment mou.

3. Ville djez. Au bout de la pétoire.

4. Il n'y a rien de tel pour défigurer les côtes. Sur le bout de la langue.

5. Font cesser le raffut. Morflent.

6. Lettre d'Homère. Un truc super !

7. Vous fait halluciner. Se fait entendre, le soir, au fond des bois.

8. Il en tâte. Fin de non-recevoir. Faisait rutiler l'uræus.

9. Affectent parfois les portugaises.

10. Du liquide en Bavière. On la saute pour mieux entrer dans le vif du sujet.

11. Il avait sa tête de Turc. Chébran.

12. Aristo. On peut les zyeuter sous le chapiteau.

GRILLE N° 28

	1	2	3	4	5	6	7	8	9	10	11	12
I												
II												
III				■					■			
IV		■				■				■		
V												■
VI				■						■		
VII			■				■					
VIII										■		
IX								■				
X				■					■			

HORIZONTALEMENT

I. Scaphandres de poche.

II. Qui a retrouvé le chemin de la cabane.

III. Craspec et vieux. Une demi-douzaine bien tassée. Leur gnasse.

IV. Fabrique de gros calibres. Pour en boucher un coin. Fin de siècle.

V. Se noue autour du corgnolon.

VI. Entre deux lourdes. Tombe des nues. Mémoire courte.

VII. Tunnel dont on ne voit pas le bout. Alternative à la bourse. S'éclater dans la poudreuse.

VIII. Qui ne se sont pas nourries de courants d'air. Titulaire, souvent, d'un nom à rallonges

IX. Non militaire. Travaille à l'œil.

X. Base de lancement. Piment d'Aragon. Il n'y en a pas 118 comme lui.

VERTICALEMENT

1. Toussent de manière significative.

2. La caillera n'y aime pas beaucoup le leur. Surprise en flag.

3. Finissent dans les couettes. Qui compte pas mal d'heures de vol.

4. Cardinaux opposés. Dans la bouche du morveux. Sert d'intermédiaire.

5. Le partouzard en est un fidèle.

6. Alliance d'États arabes. Tombe encore des nues.

7. Descente de zinc. Ils sont peuplés de cadavres.

8. Qui ne remonte pas à Mathusalem.

9. Fin pour un latiniste. Elle vous envoie *ad patres*.

10. Terme de notaire. Pièce jaune.

11. Ils sont émis par un greffier hargneux.

12. Asperge ou abricot selon le cas. Bouts de bois.

Charades et chenilles à gogo !

CHARADE 25

Version 1

Mon premier est la surveillance à bord d'un bateau.

....

Mon deuxième est un pronom personnel de la troisième personne.

....

Mon troisième désigne votre visage.

....

Mon tout est une escroquerie.

....

Version 2

Mon premier désigne le commissariat.

....

Mon deuxième fait partie des cris du bourricot.

....

Mon troisième désigne votre bobine.

....

Mon tout est la spécialité du faisan.

....

CHARADE 26

Version 1

Mon premier vous raconte des histoires.

....

Mon deuxième est connu pour sa clairette.

....

Mon troisième est présent dans une BD.

....

Mon tout fait office de mâchoires.

....

Version 2

Mon premier fait la manche.

....

Le glandeur coince mon deuxième.

....

Mon tout s'active en mastéguant.

....

CHARADE 27

Version 1

Mon premier est le nom d'une chanteuse prénommée Patricia.

....

Mon deuxième est un adjectif possessif.

....

Mon troisième est un sot.

....

Mon tout consiste à se bagarrer à coups de poing.

....

Version 2

Mon premier est un cambriolage avec effraction.

....

Mon deuxième est une demi-tante.

....

Mon troisième est une andouille.

....

Mon tout consiste à distribuer des marrons.

....

CHARADE 28

Version 1

Mon premier est un véhicule de combat.

....

Mon deuxième est une dame de paveur.

....

Mon troisième a qualifié un chat célèbre.

....

Mon tout équivaut à exagérer.

....

Version 2

On enjoint à Ben-Hur d'arrêter mon premier.

....

On met parfois les points sur mon deuxième.

....

Mon troisième peut qualifier un derche qui a reçu un coup de latte.

....

Mon tout revient à pousser mémère dans les orties.

....

CHARADE 29

Version 1

Mon premier défèque.

....

Mon deuxième est une préposition.

....

Mon troisième est un insecte responsable de la maladie de Lyme.

....

Mon tout est extrêmement ennuyeux.

....

Version 2

Mon premier dépose un étron.

....

Mon deuxième est une interjection.

....

Mon troisième émet des réserves.

....

Mon tout est vraiment emmerdant.

....

CHENILLE N° 43

SUR LE THÈME...

La carcasse

1. Une caboche qui évoque un fruit.

....

2. Un pénis pas forcément de jardinier.

....

3. Autre pénis à connotation enfantine.

....

4. Des roberts pas forcément petits.

....

5. Pas étonnant que cette douleur vous tape sur les nerfs !

....

6. Guibolles, longues en général.

....

7. Des jambes également, mais plus souvent des cuisses.

....

8. On se le rince en même temps que la luette.

....

Charades et chenilles à gogo ! (suite)

CHARADE 30

Version 1

Mon premier est fermé.

....

Mon deuxième va plus mal.

....

Mon troisième n'est pas flou.

....

Mon tout représente bien peu de chose.

....

Version 2

Mon premier est bouclarès.

....

Mon deuxième se fait traire.

....

Mon troisième peut être sans bavures.

....

Mon tout n'est pas que dalle, mais presque.

....

CHARADE 31

Version 1

Mon premier sert à fixer.

....

Mon deuxième est une sorte de paravent.

....

Mon troisième peut s'appeler marie.

....

Mon tout est un excrément.

....

Version 2

Mon premier est parfois difficile à franchir à biclou.

....

Mon deuxième sert surtout à casser du sucre.

....

On jette parfois le bébé avec l'eau de mon troisième.

....

Mon tout est une sorte de sentinelle.

....

CHARADE 32

Version 1

Le fémur comme l'utérus sont pourvus de mon premier.

....

Mon deuxième est une interjection.

....

Mon troisième est une réunion de cinq cartes de même couleur.

....

Mon tout est une cucurbitacée.

....

Version 2

Mon premier est une question embarrassante ou une punition.

....

Mon deuxième est du sirop de parapluie.

....

Mon troisième trouve son origine dans vos soufflets.

....

Mon tout est une image maraîchère de votre caboche.

....

CHARADE 33

Version 1

Mon premier est un élément d'hélice.

....

Mon deuxième est une lettre grecque qui établit un rapport.

....

Mon troisième est de l'écorce de chêne moulue.

....

Mon tout est passionnant.

....

Version 2

Mon premier est blanc comme un lavabo.

....

Le bicot se désaltère à mon deuxième.

....

Mon troisième est mauvais quand il tombe des cordes.

....

Un arrêt de mon tout vous fait partir les pieds devant.

....

CHARADE 34

Version 1

Mon premier est un synonyme populaire de « misère ».

....

Mon deuxième est une colère de Malherbe.

....

Mon troisième sert à appeler.

....

Mon tout est mis en lambeaux.

....

Version 2

Mon premier équivaut à la mouise.

....

Mon deuxième est un pétard d'autrefois.

....

Mon troisième vous interpelle.

....

Mon tout est givré ou shooté.

....

CHENILLE N° 44

1. L'égocentrique n'arrête pas de zyeuter le sien.

....

2. Se dit d'un os pas éloigné du 1).

....

3. Châssis qu'on peint à l'atelier.

....

4. Bigleux.

....

5. Se dégazer l'estogom.

....

6. Une tête de circonstance dans un salon.

....

7. Égratignure sur votre cuir.

....

8. Ce n'est pas à lui qu'on fait prendre des vessies pour des lanternes.

....

Mots croisés à gogo ! GRILLE N° 29

	1	2	3	4	5	6	7	8	9	10	11	12
I												
II											■	
III				■				■				
IV						■						
V							■				■	
VI												■
VII			■		■					■		
VIII		■										
IX								■				
X					■				■			

HORIZONTALEMENT

I. De vrais plats de nouilles.

II. Mordue.

III. Paddock de peu d'intérêt sur un champ de course. Grecque. Antigel pour l'hiver.

IV. De quoi vous faire vous écrier : « J'hallucine ! ». Qui a sa paillasse au soleil.

V. Jamais agréable quand elle arrive en face. S'occupe du charbon à l'échelle mondiale.

VI. Coquettes d'une certaine manière.

VII. Opération à terme. Également familier. Arrose la capitale de l'Audomarois.

VIII. Aspirant ou soupirant.

IX. Piment d'Aragon. Il est mis à la porte sans égard particulier.

X. Articule. Souvent comme un coup de trique. Baie jaune non comestible.

VERTICALEMENT

1. Gauchère des deux mains.

2. 15e sur 24 à Athènes. Une daronne en religion.

3. Pour entretenir la basane. A une réputation de babillarde.

4. Alouette plumée de moitié. Grand gambergeur du XVIIIe siècle.

5. Il (ou elle) apprend son taf. Le bout du tunnel.

6. Permet d'écluser sans forcément picoler. Pointures et gros calibres en font partie.

7. Rengaine qui tape sur le système. N'a plus sa tête à lui.

8. Interjection. Il tourne comme une toupie.

9. Condition du noircicaud.

10. Mollusque. La pomme d'Adam ?

11. Stups encore plus réduits. Établissements spécialisés pour tubards.

12. Qui tiennent à conserver leur capital. On peut s'y réchauffer les fumerons.

GRILLE N° 30

	1	2	3	4	5	6	7	8	9	10	11	12
I												
II											■	
III								■				
IV		■				■						
V											■	
VI			■		■							
VII		■				■						
VIII				■			■					■
IX										■		
X											■	

HORIZONTALEMENT

I. Le jeu de la bête à deux dos.

II. Elles en ont un qui joue à la belote et l'autre qui compte les points.

III. Écrit qui ne dit pas grand bien de vous. Peut être utilisé comme bouillon d'onze heures.

IV. Roi d'Israël. Pas pour autant ébahis quand ils sont épatés.

V. Il est plutôt du genre ringard.

VI. Au cœur des Pyrénées. Pas le fait de la couille molle.

VII. Fétide, mais prisée dans la bouffe indienne. Rendis chauve comme un œuf.

VIII. De cette manière. Bout dans la marmite. Patelin de l'Orne auquel les Pieds nickelés doivent beaucoup.

IX. Faire passer le goût du pain. Fin d'infinitif.

X. Arrangées pour se faire remarquer.

VERTICALEMENT

1. Se font vraiment désirer.

2. Peinard. Dans le coup. Kif-kif chez les Grecs.

3. Élèves de troisième année. Les nouveautés du jour.

4. Peaux qui changent de bêtes. Au bout du Topol.

5. Frisé sur son canasson. Pour remettre un rigolo en place.

6. On l'utilise pour casquer sa crèche. En fin d'année. Idéal pour prêcher dans le désert.

7. S'utilisait autrefois pour déceler le syphilo.

8. La fin des hostilités. Elle est destinée à éloigner les parasites, du buffet entre autres.

9. Elle vous expédie *ad patres*.

10. Le titi parisien l'était sans aucun doute.

11. Petit balai. Bled de Roumanie.

12. Apaisées. Beurk autrefois.

GRILLE N° 31

	1	2	3	4	5	6	7	8	9	10	11	12
I												
II									■			
III			■									
IV						■			■			
V								■		■		
VI			■		■							
VII			■				■					
VIII										■		
IX								■				
X				■			■					

HORIZONTALEMENT

I. Rabibochés.

II. Qui a joué la fille de l'air. Une mine pour l'image et le son.

III. Entame de sauciflard. Accompagnent le mouvement quand vous jouez des coudes.

IV. On y mange avec un lance-pierres. Accouche à terme. Nuances de roseaux.

V. Grand nettoyage autrefois. Bout de rage.

VI. Au fond de l'abîme. Ça lui fait une belle jambe qu'il soit enrichi.

VII. Mi mineur chez les Britiches. C'est la classique surface de réparation. D'un rang indéterminé, assez élevé toutefois.

VIII. Somme loin d'être négligeable. Centre pour détenues.

IX. Prit dans ses allonges. Il n'y a pas de polichinelle sous son tablier.

X. Vous fait suer. Fin de soirée. Fleurs de bitume.

VERTICALEMENT

1. Prête à repartir du bon pied.

2. S'obtient parfois sur le canapé.

3. Demi-daron. A subi une contraction. N'endort qu'à moitié.

4. Peut se dire d'une bafouille ou d'un bouquin bidon.

5. On joue celle des mandibules en se tapant la cloche. Tel le merle blanc.

6. Bout dans la bouilloire. Plus commun que la riflette.

7. Fignoler. À moitié ramolli.

8. Patelin du Cher. Capitale de l'Arménie vers l'an mille.

9. Boches et Soviets s'y bigornèrent en 1943-44.

10. Prénom d'un grand pousseur de romances. Aux sources de l'Ienisseï. Dans un dilemme.

11. Un drôle de pistolet.

12. Ils opèrent une sélection.

GRILLE N° 32

	1	2	3	4	5	6	7	8	9	10	11	12
I												
II				■		■						
III										■		
IV					■			■			■	
V							■					
VI						■						■
VII											■	
VIII						■			■			
IX			■									■
X												

HORIZONTALEMENT

I. Petit boulot.

II. Heureux en amour. Vais mettre en doute.

III. Elles ont l'oignon qui décalotte. Clôture à la Bourse.

IV. Ouï en Écosse. Donne un tuyau à celui qui a le cerveau lent. Espace de lecture ou bite à roulettes.

V. Leur sac est forcément plein de malice. I l a toujours la main au bénitier.

VI. On s'y livre à des activités suspectes. Des foutaises.

VII. Ils cessent de zoner à l'aube du néolithique.

VIII. Résiste. Acquis. Un Ricain.

IX. Exige de la discipline. Les années octante pour le Belgico.

X. En rapport avec les esgourdes, le blair, les mirettes…

VERTICALEMENT

1. On ne les attendait pas de sitôt.

2. Elle peut fort bien se sentir à l'aise dans ses charentaises.

3. Limace nocturne nullement nuisible.

4. On les active pour gamberger.

5. Pas une vague de froid. En second lieu.

6. Partie recherchée du petit beuglant. Sentier battu.

7. Elle a son cochon. Dans la tradition hindoue, on lui donnerait le bon Dieu sans confession.

8. Reste en carafe. Dans son pucier.

9. En rapport avec la gougnotte. En fin de deuil.

10. Bout dans le coquemar. Vous le ligotez chaque marcotin.

11. Pas de problème. Extrémité de l'humérus. Pour piquer un demi-roupillon.

12. Certains sont parfois tombés sur la tête. Personnel pour lequel on a souvent la plus grande estime.

Charades et chenilles à gogo !

CHARADE 35

Version 1

Mon premier s'égosille de bon matin.

....

Mon deuxième est un fond de bouteille.

....

Mon troisième est une région naturelle de Normandie.

....

Mon tout est une fleur des champs.

....

Version 2

La ligne de ma première est malheureusement fort prisée.

....

Mon deuxième vous sert à en écraser.

....

Mon troisième n'est qu'à moitié communiste.

....

Mon tout débarque tous les mois, comme les Anglais.

....

CHARADE 36

Version 1

Mon premier défèque.

....

Mon deuxième avait autrefois place dans la chambre.

....

Mon troisième est l'article de revue par excellence.

....

Mon dernier est un possessif.

....

Mon tout est une saucisse.

....

Version 2

Mon premier moule un bronze.

....

Mon deuxième est la partie la plus charnue de votre personne.

....

Mon troisième est sur les rotules.

....

Mon dernier est un grand pacsif.

....

Mon tout est un cigare à moustaches, pas nécessairement de charcutier. ....

....

CHARADE 37

Version 1

Mon premier fait la roue.

....

Mon deuxième peut désigner la toison pubienne.

....

Mon troisième est une couche de graisse.

....

Mon tout est casanier.

....

Version 2

Mon premier s'entend quand vous défouraillez.

....

On trouve mon deuxième dans un bar fréquenté par des gouines.

....

On rentre dans mon troisième en attaquant un adversaire.

....

Mon tout ne sort pas beaucoup de sa turne.

....

CHARADE 38

Version 1

Mieux vaut mon premier que jamais.

....

Mon deuxième fait sa toile.

....

Mon troisième équivaut à « convenir », en parlant d'un vêtement, d'une coiffure... ....

....

On se rend à mon tout pour se soulager.

....

Version 2

Un échappé de capote est affligé de mon premier.

....

Mon deuxième se sert de son métier, pas de son job.

....

La luisarde ne tarde pas à se lever quand arrive mon dernier.

....

On se rend dans mon tout pour téléphoner au pape.

....

CHARADE 39

Version 1

Mon premier est quelqu'un de souvent brave.

……………………………………………………………………………………

Mon deuxième désigne un couple de ruminants.

……………………………………………………………………………………

Mon troisième fait l'éloge.

……………………………………………………………………………………

Mon tout est un douanier.

……………………………………………………………………………………

Version 2

Mon premier est un mironton quelconque.

……………………………………………………………………………………

Mon deuxième est du cannabis.

……………………………………………………………………………………

Mon troisième est un poiscaille marin.

……………………………………………………………………………………

Mon tout peut fort bien dénicher la daube dans votre valoche.

……………………………………………………………………………………

CHENILLE N° 45

SUR LE THÈME…

Des poules et des faisans

1. Un as chez les poulardins.

……………………………………………………………………………………

2. Son suffixe rend ce flic encore moins sympathique.

……………………………………………………………………………………

3. L'oseille du truand (et de bien d'autres).

……………………………………………………………………………………

4. Le détective privé de Léo Malet.

……………………………………………………………………………………

5. Ce qui peut résulter d'une trop forte ingestion de pruneaux.

....

6. Marque italienne de calibres.

....

7. Flanquer une bonne peignée (dans un commissariat ou ailleurs).

....

8. Le malfrat alpagué y fait les cent pas.

....

Charades et chenilles à gogo ! (suite)

CHARADE 40

Version 1

Mon premier sert à suspendre.

....

Mon deuxième est un pronom relatif.

....

Mon troisième est un adjectif possessif.

....

Mon tout est une grosse chaussure.

....

Version 2

On a mon premier quand on a faim.

....

Mon deuxième est une sorte de mandrin.

....

Mon troisième permet au Britiche de vous envoyer paître.

....

Mon tout est une variété de grosses pompes.

....

CHARADE 41

Version 1

Mon premier est plus attrayant lorsqu'il est de nonne.

....

Mon deuxième est solide par définition.

....

Mon troisième est une conjonction de coordination.

....

Mon tout est un oiseau ou un apéritif.

....

Version 2

Mon premier s'échappe par l'entrée de service.

....

Mon second est un clébard hargneux.

....

Mon tout est un apéro anisé.

....

CHARADE 42

Version 1

Mon premier multiplie par 10.

....

Mon second consiste à démentir.

....

Mon tout équivaut à déguerpir.

....

Version 2

Mon premier est un caoua léger.

....

Mon second revient à ne pas manger le morceau.

....

Mon tout équivaut à mettre les bouts.

....

CHARADE 43

Version 1

On peut attendre dans mon premier.

....

Mon deuxième est une note de musique.

....

Mon troisième est une marque de dédain.

....

Mon tout est un légume.

....

Version 2

Mon premier est cradingue.

....

Avec mon deuxième, on pourrait mettre Paname en bouteille.

....

Mon troisième est une demi-héroïne de Maupassant.

....

Mon tout fait partie de votre paluche.

....

CHARADE 44

Version 1

Mon premier est plus agréable au fond d'un bois qu'au pied.

....

Mon deuxième désigne un alcool.

....

Mon troisième correspond souvent à nous.

....

On passe la cravate autour de mon tout.

....

Version 2

Mon premier est un clebs bâtard ou un imbécile.

....

Mon deuxième peut être comme un jour sans pain.

....

On passe la cravetouse autour de mon tout.

....

CHENILLE N° 46

SUR LE THÈME DE...
Poulets et faisans

1. Machine pour couper le papier (ou la caboche).

....

2. Un colis qui, même pourvu d'un suffixe, fait toujours plaisir au taulard. ....

....

3. L'ensemble des babillards du tribunal.

....

4. Course nocturne, en ville, de caisses ou de meules.

....

5. Dézingué.

....

6. On vous le coupait à l'abbaye de Monte-à-Regret.

....

7. Un supplice plus radical que la cravetouse.

....

8. Il permet au cambrioleur de débrider une lourde.

....

Corrigés

Jour 1 - solutions

Rébus

Mot 1 : Trot-mets ; tromé : métro en verlan

Mot 2 : Râpe-lape-la ; raplapla : fatigué

Mots en argot : trouvez l'intrus !

Réponse : Poussin. Un roussin, par contre, est un authentique poulet.

Expressions argotiques : trouvez l'intrus !

QUIZ N° 1

Réponse n° 4 : le vieil Aristobule est en fait *au bout du rouleau* : il va *avaler sa chique* (ou simplement *l'avaler*). À noter que cette dernière expression viendrait de la sensation d'étouffement que procure l'ingestion fortuite d'une chique de tabac.

EN SAVOIR PLUS :

Proposition n° 6 : *hachesse* est la forme développée du sigle *H.S.*, pour « hors service ».

Charade 1

	BOMBARDER	Pas dégueu : bon, voire excellent
Version 1	Bon-Bar-Dé	Cloper : fumer un max
Version 2	Bon-Barder	

Mots cachés

Bergère – Mistoufle

Mots croisés

SOLUTIONS N° 1

	1	2	3	4	5	6	7	8	9	10	11	12
I	P	O	C	H	E	T	R	O	N	N	E	S
II	I	N	S	I	N	U	A	T	I	O	N	S
III	C	E	A		A	R	V	E	R	N	E	
IV	O	G	R	E		F	I		V	E	R	T
V	L	A	D	R	E		L	I	A		V	I
VI	E		A	O	U	T	I	E	N	N	E	S
VII	U	L	S	T	E	R		P	A	U	M	E
VIII	S	I		I		A	R	S		E	E	
IX	E		E	S	O	P	E		M	E	N	T
X	S	I	D	E	R	U	R	G	I	S	T	E

EN SAVOIR PLUS :
HORIZONTALEMENT

III. *Le Bouclier arverne* est un album de la série Astérix.

V. a) C'est un fait que le porte-monnaie du grigou a bien du mal à s'ouvrir.

b) La *régulière* est l'épouse légitime, ce qui suppose évidemment d'autres partenaires.

VII. *Lardeuss* est le largonji apocopé de « pardessus ». Le largonji consiste en gros à rejeter à la fin d'un mot la consonne initiale et à la remplacer par un « l ». Le terme « largonji » lui-même en est la parfaite illustration puisqu'il signifie « jargon ».

VIII. Le curé d'Ars portait, comme tous ses semblables à l'époque, une soutane aussi noire qu'un corbeau, d'où la métaphore.

VERTICALEMENT

3. a) La *gambille* désigne à la fois la danse et le bal (cf. la chanson de Philippe Clay).

b) En argot, *blase* (ou *blaze*) désigne tout à la fois le nom, le prénom ou le surnom. *Amerloc* est une resuffixation fantaisiste du mot « américain ».

8. Ces *panards* sont des pieds à la sauce verlan.

9. L'épectase est à l'origine un élan mystique vers Dieu, mais elle a subi une évolution sémantique – mort pendant l'orgasme – après la parution, par *Le Canard enchaîné* en 1974, du décès, chez une prostituée, du cardinal Daniélou.

10. Une *palanquée* est bien entendu une *mégachiée*.

12. Le *glass* est un *godet*, un verre à boire.

Chenilles

N° 1

Fiel-Aileron-Rondibé-Berlingot-Godemiché-Chétron-Trombine-Binette

☞ ***EN SAVOIR PLUS :***

2) La main se trouve effectivement au bout de votre bras ou *aileron*.

3) *Rondibé*, pour « anus », est moins courant qu'*œil de bronze*.

4) *Bonbon* et *berlingot* sont synonymes de « clitoris ».

5) Parfois abrégé en *gode*.

6) Verlan de *tronche*.

N° 2

Rachis-Chicot-Commensal-Salsifis-Fignedé-Décolle-Colbac-Bacchantes

☞ ***EN SAVOIR PLUS :***

1) En argot, *se taper sur la colonne*, c'est se masturber (pour un homme).

2) Margoulette : bouche, gueule.

3) *Se taper la cloche*, c'est *se caler les amygdales.*

4) Le *salsifis* est à la main ce que le *radis* (orteil) est au pied.

5) Le *prose* est la partie la plus charnue de votre personne, votre *fignedé.*

7) C'est autour du cou que vous nouez votre cravate.

8) Le *clapoir* sert évidemment à *claper*, à *becter.*

Version

On disait autrefois que les courses hippiques étaient un vrai gouffre pour les proxénètes. Il est vrai qu'ils y dilapidaient une bonne partie des recettes que leur rapportaient leurs « protégées ».

Le dico de l'argot

Mots à relier

À loilpé	Nu (largonji de *à poil*)
Abricot	Vulve
Aligner	Punir
Allonge	Bras
Alpaguer	Appréhender, arrêter
Amerloc, Amerluche	Américain
Amortisseur	Sein
Amygdales (se caler les)	Bien manger

Jour 2 - solutions

Rébus

Mot 1 : Art-pète ; arpète ou arpette : apprenti

Mot 2 : Car-casse ; carcasse : corps humain

Mots en argot : trouvez l'intrus !

Réponse : Avertisseurs. L'auteur a dû confondre avec les *amortisseurs* qui, eux, sont d'authentiques *enjoliveurs*.

Expressions argotiques : trouvez l'intrus !

QUIZ N° 2

Réponse n° 3 : on *pousse* volontiers *mémère dans les orties* (ou *les bégonias*), mais jamais pépère.

☞ ***EN SAVOIR PLUS :***

Proposition n° 1 : *attiger la cabane* se trouve le plus souvent réduit à *attiger* tout court.

Proposition n° 2 : *cherrer* (ou *chérer*) est nettement moins utilisé que *charrier*, qui l'a sans doute inspiré.

Charade 2

Version 1 et 2	GALIPETTES Gars-Lit-Pète	Zig, zigue : individu quelconque Pioncer : dormir Perlouze : flatulence

Mots troués

CAFETIERE – CALEBASSE – CARAFON – CITRON – POIRE – TERRINE

Mots croisés

SOLUTIONS N° 2

	1	2	3	4	5	6	7	8	9	10	11	12
I	A	R	R	I	E	R	E	T	R	A	I	N
II	M	A	I	G	R	I	C	H	O	N	N	E
III	E	C	O	N	O	C	R	O	Q	U	E	S
IV	N	O	■	O	S	■	A	N	U	S	■	S
V	O	L	I	M	■	A	S	S	E	C	S	■
VI	R	A	N	I	M	E	E	■	F	O	U	R
VII	R	I	E	N	S	■	U	T	O	P	I	E
VIII	H	E	R	I	T	E	R	■	R	I	N	G
IX	E	N	T	E	■	R	■	E	T	E	T	E
X	E	T	E	S	I	E	N	S	■	S	E	L

EN SAVOIR PLUS :

HORIZONTALEMENT

I. Ce *prose* au masculin, encore appelé *prosinard*, est effectivement peu littéraire, dans la mesure où il désigne votre postérieur.

VI. Le *four* comme le *bide* sont la preuve que votre entreprise a *foiré*.

X. *Zef* (ou *zeph*) est l'apocope de zéphyr.

VERTICALEMENT

1. Ces *Anglais*, pour « menstrues », remontent au temps où les soldats de Sa Gracieuse Majesté arboraient un uniforme rouge.

5. La *pastiquette*, c'est la *partie de jambes en l'air*. Il y a peu de place en argot pour l'amour platonique.

7. La *viande à pneu* désigne naturellement le piéton.

8. Trois manières distinguées (parmi d'autres) de parler d'une femme dépourvue d'attraits.

9. En vertu de la judicieuse formule *C'est plus fort que le roquefort*, pour signifier que c'est excessif ?

10. *Entrée de service* est l'un des innombrables synonymes du mot « anus ».

12. L'*antigel* est l'une des nombreuses désignations de l'alcool.

Chenilles

N° 3

Manger-Jéroboam-Amaigri-Grisbi-Biscuit-Cuistot-Tomate-Matelote

☞ ***EN SAVOIR PLUS :***

2) Champagne est souvent apocopé en *champ'* ou *champe.*

4) Le mot *grisbi,* pour « argent », a été popularisé par le roman de Simonin *Touchez pas au grisbi !,* mais on le trouve déjà chez Bruant en 1901.

6) La *bectance* est ce qui vous remplit le *cornet*

8) Pour cette matelote, on peut remplacer ce gros vin rouge qu'est le *rouquin* par un de qualité supérieure.

N°4

Muscadet-Déca-Cahors-Ortolan-Lampons-Pompette-Pété-Tétée

☞ ***EN SAVOIR PLUS :***

1) *Noir* a ici le sens de « ivre ».

5) C'est ici la première personne du pluriel du verbe *lamper,* quasi synonyme de *pomper,* boire beaucoup.

8) Ce chat tétait effectivement la *gougoutte* de Margot.

Le dico de l'argot

Mots à relier

Bagatelle	Amour physique
Balance	Délateur
Banquer	Payer
Barbaque	Viande
Barreau de chaise	Gros cigare
Bas de plafond	Sot, stupide
Betterave	Bouteille de vin rouge
Bide	Échec, insuccès
Bite à roulettes	Voiture haut de gamme
Biturin	Ivrogne

Jour 3 - solutions

Rébus

Mot 1 : K-skate-an-plomb ; casquette en plomb : migraine consécutive à des excès de boisson
Mot 2 : Taie-scie ; téci : cité (verlan)

Mots en argot : trouvez l'intrus !

Réponse : Prouter. Cette action se produit en principe après ingestion de la bouffe, et il fallait donc lire « croûter ».

Expressions argotiques : trouvez l'intrus !

QUIZ N° 3
Réponse n° 6 : le jeune Mouloud en a, en fait, *ras la casquette* de son professeur de français.

Charade 3

Version 1 Version 2	BISTOUQUETTE Bis-Tout-Quête Bis-Toux-Quête	Bricheton : pain Éponges : poumons Ratichon : prêtre Gogues : lieux d'aisance

Anagramme

Réponse : PETARD

Mots croisés

SOLUTIONS N° 3

	1	2	3	4	5	6	7	8	9	10	11	12
I	C	H	I	F	F	O	N	N	I	E	R	S
II	H	Y	D	R	A	V	I	O	N	■	A	U
III	A	G	E	E	■	I	N	V	E	R	T	I
IV	T	I	M	I	D	E	■	A	X	E	E	S
V	A	A	■	N	U	D	I	T	E	■	A	■
VI	I	P	S	■	C	O	L	E	R	E	U	X
VII	G	H	A	N	A	■	S	U	C	S	■	I
VIII	N	O	L	I	S	E	■	R	E	A	C	■
IX	E	N	T	A	S	S	E	■	E	U	R	O
X	S	E	O	■	E	T	U	I	S	■	U	N

☞ ***EN SAVOIR PLUS :***

HORIZONTALEMENT

II. Le *coucou* dont il est question ici n'est pas l'oiseau pique-assiette, mais bien un petit avion.

III. Litote pour *être de la pédale, de la jaquette flottante…* La formule peut aussi s'appliquer à la police, aux *indics…*

V. L'*effeuilleuse* se *désape* en toutes saisons puisque c'est une strip-teaseuse.

VIII. Ce *zinc* n'est pas celui d'un PMU un dimanche matin, mais un avion charter qui ne doit pas non plus désemplir.

IX. Ces *fouilles* sont les poches où vous planquez votre *morlingue.*

VERTICALEMENT

3. Formule empruntée à l'argot militaire.

5. *Teuf* est le verlan de « fête » (teufeu apocopé).

6. L'*espingouin*, ou *espingo*, est, avec une connotation péjorative ou plaisante, un descendant des Ibères.

10. *Cave* est utilisé ici au masculin, dans le sens de « dupe, *pigeon*, victime… ».

Chenilles

N° 5

Chelou-Loulou-Loubard-Barbeau-Bonneteau-Taulard-Lardu-Dur

☞ ***EN SAVOIR PLUS :***

1) Ce verlan de « louche » est aujourd'hui fort courant.

4) Le *barbeau*, comme le *maquereau* ou le *hareng*, vit de l'exploitation des *morues* !

5) Ce jeu consiste à choisir une des trois cartes retournées, habilement mélangées ensuite par le filou.

6) Le détenu ne pense évidemment qu'à sa *belle*, cette belle étant l'évasion.

7) *Keuf* est le verlan apocopé de *flic* : fli-keu, keu-fli, keuf.

8) Le *dur* est le train, mais au pluriel, les *durs* étaient autrefois les travaux forcés.

N° 6

Intrus-Truand-Entourloupette-Pétard-Tarpé-Pégriot-Hosto-Tocante

☞ ***EN SAVOIR PLUS :***

1) Un *cambrio* est, par apocope, un cambrioleur.

4) *Pétard* est en effet l'un des mots argotiques les plus polysémiques.

5) *Tarpé* est sans surprise le verlan de *pétard* (dans toutes ses acceptions).

6) Pègre est l'un de ces mots, à l'origine purement argotiques, qui sont rentrés dans la langue.

8) De « toquer », régionalisme pour « sonner », en parlant de l'heure. *Jonc* : or.

Le dico de l'argot

Mots à relier

Cabane	Prison
Cadavre	Bouteille de vin vide
Cagnard	Soleil
Caillou	Pierre précieuse
Canard	Journal
Caner	Mourir
Casbah	Maison
Casquette en plomb (en zinc)	Lendemain d'excès de boisson
Ceinture (faire)	Se passer, être privé de
Château-Lapompe	Eau du robinet

Jour 4 - solutions

Rébus

Mot 1 : Camp-brie-eau ; cambriot : cambrioleur

Mot 2 : Fume-rond ; fumeron : pied

Mots en argot : trouvez l'intrus !

Réponse : S'allonger le salsifis. L'expression consacrée est « s'allonger le macaroni », mais pas plus que le salsifis, cette pâte alimentaire ne désigne un pénis (sauf dans cette expression).

Expressions argotiques : trouvez l'intrus !

QUIZ N° 4

Réponse n° 2 : c'est évidemment *garanti sur facture* que ce trésorier indélicat va avoir des comptes à rendre.

☞ ***EN SAVOIR PLUS :***

Proposition n° 6 : *c'est affiché* fait référence aux résultats d'une course hippique, qu'on ne peut guère mettre en doute.

Charade 4

	BAMBOULA	Anguille de caleçon : pénis
Version 1	Bans-boue-La	Ribouldingue : fête
Version 2	Banc-Bout-Las	

Devinette

Réponse C : Paul Claudel

Mots croisés

SOLUTIONS N° 4

	1	2	3	4	5	6	7	8	9	10	11	12
I	C	H	L	O	R	O	F	O	R	M	E	E
II	H	Y	E	N	E	■	U	R	I	■	S	U
III	A	P	P	E	T	I	S	S	A	N	T	S
IV	R	E	■	R	O	D	E	■	N	U	I	T
V	C	R	I	E	U	R	■	S	T	■	M	A
VI	U	T	■	U	R	I	N	E	■	B	A	C
VII	T	E	E	S	■	S	A	B	A	O	T	H
VIII	I	N	■	E	R	■	B	I	■	M	I	E
IX	E	D	O	■	C	O	L	L	A	B	O	■
X	R	U	B	I	A	C	E	E	■	E	N	A

EN SAVOIR PLUS :

HORIZONTALEMENT

III. Les *crochets* dont il s'agit ici vous permettent de vous *caler les amygdales*.

IV. Ces *greffiers* sont bien sûr à rapprocher du mot griffe.

VII. La *riflette*, c'est la guerre, le *casse-pipe*.

VIII. *À voile et à vapeur* est l'une des nombreuses tournures pour rendre la bisexualité.

VERTICALEMENT

1. Si le *grand couteau* est un chirurgien hors pair, le *charcutier* n'est pas vraiment un spécialiste du *billard*.

8. Le *manchard* est celui qui fait la manche, le *clodo*.

12. Cette arme blanche vient du nom d'Eustache Dubois, coutelier à Saint-Étienne.

Chenilles

N° 7

Pot-Politesse-Testicules-Culière-Airbags-Bagout-Gougnotte-Notaire

☞ ***EN SAVOIR PLUS :***

2) Pour ce genre de prestation, *pipe, plume, pompier, turlute*... sont nettement plus courants que *politesse.*

3) On saisit mieux l'image quand on sait que la *salle des fêtes* n'est autre que le vagin.

7) Diminutif de *gouine. Gougnotte* et *gougnotter* sont déjà utilisés par Mérimée.

8) La *cravate de notaire* est encore appelée *branlette espagnole.*

N° 8

Lubrifiant-Enlacement-Menstrues-Ruban-Bandante-Entrejambes-Embourber-Baiser

☞ ***EN SAVOIR PLUS :***

1) L'*abrico*t est, parmi une foule d'autres, une désignation de la vulve.

3) *Mener le petit* (ou *Popaul*) *au cirque* est l'une des rares expressions du coït qui ne soit pas trop grossière.

4) *Mettre* une fille *sur le ruban*, c'est la prostituer.

6) Ces *brancards* désignent les jambes.

Le dico de l'argot

Mots à relier

Dalle (avoir la)	Avoir très faim
Décaniller	Partir rapidement, s'enfuir
Décarpiller (se)	Se dévêtir
Déchard	Misérable
Dégelée	Bonne correction
Dérouiller	Prendre des coups, avoir mal
Détendu du gland, de la nouille	Calme, tranquille
Douiller	Payer
Drapeau	Dette
Dur	Train

Jour 5 - solutions

Rébus

Mot 1 : Mont-temps-lait-r ; monte-en-l'air : cambrioleur

Mot 2 : An-gourde-ire ; engourdir : voler

Mots en argot : trouvez l'intrus !

Réponse : Frac. Ce frac était certes un habit, mais une veste, pas un pantalon.

Expressions argotiques : trouvez l'intrus !

Réponse n° 1 : ce cambrioleur *ne manque* évidemment *pas d'air* pour revenir si vite sur le théâtre de ses exploits.

Charade 5

Version 1 Version 2	BISCOTTOS Bis-Côte-Tôt Bis-Cote-Eau	Crèche : maison, domicile Pastaga : pastis Balèze : fort robuste

Anagramme

Réponse : LIMACE

Mots croisés

SOLUTIONS N° 5

	1	2	3	4	5	6	7	8	9	10	11	12
I	F	L	A	G	O	R	N	E	R	I	E	S
II	L	O	U	R	D	A	U	D	E		S	U
III	A	G	L	A	E		A	E	T	I	T	E
IV	T	E	N	D	R	O	N		A	L	I	
V	T	U	E	E		S	C	H	I	S	M	E
VI	E	S	S	E	N	T	I	E	L		A	X
VII	R	E		S	I	E	E		L	O	T	O
VIII	I		T		B	I	R	B	E		I	D
IX	E	M	I	R	A	T		I		N	O	E
X	S	U	R	P	R	E	S	S	I	O	N	S

☞ ***EN SAVOIR PLUS :***

HORIZONTALEMENT

III. Selon les Anciens, l'aétite était une pierre que l'aigle apportait dans son aire pour faciliter la ponte. On lui prêtait, dans la foulée, la vertu d'aider à accoucher, à *momignarder* (mot-valise composé de *môme* et de *mignard*).

V. Un *coup de canif dans le contrat* désigne normalement une séparation, un divorce.

X. À l'inverse, les *boudins* qui équipent votre *caisse* ne doivent pas non plus être sous-gonflés.

VERTICALEMENT

4. En argot militaire, la *sardine* est un galon de sous-officier.

5. Ce *nichon* est plus souvent orthographié *nibard*.

9. Ces *cailloux*, qu'on trouve bien sûr dans les rivières, sont des pierres précieuses.

10. *Bridé* est une désignation péjorative de l'Asiatique.

Chenilles

N° 9

Boule-Boulot-Loto-Toboggan-Gambille-Billard-Harpiste-Piston

☞ ***EN SAVOIR PLUS :***

1) Ce billard n'est pas celui où l'on vous dépossède de votre appendice.

2) Par référence au travail pénible du charbonnier.

5) *Gambille* désigne tout à la fois le bal musette, la danse, et même la jambe (*gambette*). Philippe Clay chantait en 1957 : « Viens à la gambille, tu verras des filles, qui frétillent des gambettes... »

N° 10

Biclou-Lourdé-Dessin-Singeries-Rigolade-Adhérent-Randonnée-Neigeux

☞ ***EN SAVOIR PLUS :***

1) *Pédaler dans la choucroute, le yaourt...*, c'est ne pas avancer, n'arriver à rien.

2) C'est-à-dire *mis à la lourde*, à la porte.

Le dico de l'argot

Mots à relier

Éclate	Fête, plaisir
Écoutille	Oreille
Emboucaner	Sentir mauvais
Entonnoir à musique	Oreille
Entrée des artistes	Anus
Esgourder	Écouter, entendre
Estourbir	Tuer, assommer
Et tout le tremblement, le toutime...	Etc.
Étau (mettre la tête à l')	Pratiquer le cunnilingus
Exo	Examen

Week-end 1 - solutions

Mots croisés

SOLUTIONS N° 6

	1	2	3	4	5	6	7	8	9	10	11	12
I	B	I	S	T	O	U	Q	U	E	T	T	E
II	I	M	P	O	R	T	U	N	■	A	A	R
III	S	P	E	T	S	■	E	C	A	R	T	E
IV	T	R	I	O	■	I	M	I	T	E	E	S
V	R	O	S	S	I	N	A	N	T	E	■	I
VI	O	B	S	■	C	A	N	E	E	■	A	P
VII	T	A	■	B	A	N	D	E	R	O	L	E
VIII	I	B	N	■	R	I	A	■	R	■	I	L
IX	E	L	■	F	E	M	I	N	I	S	T	E
X	R	E	V	A	■	E	T	E	T	E	E	S

☞ ***EN SAVOIR PLUS :***

HORIZONTALEMENT

III. Le nom usuel du spet est brochet de mer. Avec moins de fréquence que le *maquereau* ou le *hareng*, le *brochet* a pu désigner le « protecteur » de ces dames.

VII. Comme *tantouse*, *tante* ou *tapette*, *tata* est un nom féminin, qui exprime mieux le mépris dans lequel sont tenus les homosexuels dans le milieu.

IX. Cette *pelloche* de Buñuel date de 1953.

VERTICALEMENT

3. Définition tirée par les cheveux car, selon l'*Universalis*, le speiss est un « minerai (nickel ou plomb) qui a subi un premier grillage ».

5. a) *Gamberger* est plus argotique que *cogiter*, pour « penser », « réfléchir ». Eugenio d'Ors est un essayiste et philosophe espagnol (1881-1954).
b) Le *luisard*, pour parler du soleil, a malheureusement disparu de notre vocabulaire.
8. a) On se sert de ses *crocs*, ou *crochets*, pour *se remplir le buffet*.
b) Du moins si l'on en croit les paroles de la chanson guerrière « Ah ! ça ira ».
11. *Aller aux renseignements*, c'est risquer une caresse furtive sur une femme pour s'assurer de sa réaction. C'est sans doute plus discret que mettre carrément *la main au panier*.

Version

1. Jean, l'artisan peintre, suivait un régime assez strict : trois petits muscadets à 7 heures, à jeun, autant de beaujolais à 10 avec le casse-croûte, 3 apéritifs anisés à midi et 9 le soir, rien l'après-midi. De l'eau en mangeant, et jamais malade !
2. André, le serveur, à Jean, Robert et Paul, qui viennent d'entrer dans le bar : – Bonjour Messieurs, désirez-vous un Pastis, un Pernod et un Berger, comme d'habitude ? – Tu ne te trompes pas, en effet !
3. En sortant du Cyrano, le client qu'on appelait « le Rouquin » était tellement saoul qu'il ne tenait plus sur ses jambes. Il n'allait pas tarder à s'affaler !

Devinette

Réponse : Une prostituée, encore appelée « fleur de bitume », par référence au trottoir qu'elle arpente.

Charade 6

	MORFALOU	Lâcher la rampe : mourir
Version 1	Maure-Fa-Loup	Snobinard : prétentieux
Version 2	Mort-Fat-Loup	Bouillotte : visage
		Crevard : glouton, goinfre

Chenille

N° 11

Micheton-Tondues-Duvet-Vérolé-Lécher-Chéri(e)-Rideaux-Dormir

EN SAVOIR PLUS :

1) Le *micheton*, ou *miché*, est depuis longtemps le client de la prostituée. Notons que l'argotier sait parfois être poète pour parler de cette dernière.

2) Du prénom allemand courant *Fritz*, Frédéric.

3) L'orgasme s'obtient aussi en *s'accrochant au lustre*. Dans les deux cas, une certaine agilité est de mise.

4) Autre preuve que la langue verte peut être poétique : ce *coup de pied de Vénus*, pour parler d'une maladie vénérienne, a quand même une autre allure que la *chtouille* ou la *chaude-lance*.

5) C'est si vrai que *linctus* est le supin du verbe latin *lingere*, lécher.

8) La *partie de traversin* équivaut au jeu de *la bête à deux dos*, cher à Rabelais.

Jour 8 - solutions

Rébus

Mot 1 : Cor-gnôle-long ; corgnolon : cou

Mot 2 : Dé-coq-thé ; décocter : déféquer

Mots en argot : trouvez l'intrus !

Réponse : Molosse. Même si ce clebs peut se trouver en cité, on y rencontre au moins autant de bolosses, l'équivalent de « bouffon ».

Expressions argotiques : trouvez l'intrus !

QUIZ N° 6

Réponse n° 5 : une ogive aurait fait exploser le postérieur de ce nemrod accroupi, il s'agit ici tout simplement d'une *olive*.

Charade 7

	BOBINARD	Barbouille : peinture (artistes et artisans)
Version 1	Beau-Bine-Art	Volière : maison close
Version 2	Bob-In-Arts	

Mot troué

Réponse : PASTAGA

Mots croisés

SOLUTIONS N° 7

	1	2	3	4	5	6	7	8	9	10	11	12
I	F	R	A	P	P	A	D	I	N	G	U	E
II	L	I	L	L	I	P	U	T	I	E	N	S
III	A	G	U	I	C	H	E	■	A	L	■	U
IV	T	O	T	■	R	A	L	E	U	S	E	S
V	U	L	E	M	A	S	■	P	L	■	N	■
VI	L	A	■	E	T	I	Q	U	E	T	T	E
VII	E	R	I	G	E	E	■	I	■	A	R	T
VIII	N	D	■	O	S	■	I	S	O	L	E	E
IX	C	E	N	T	■	E	L	E	M	E	N	T
X	E	S	B	A	U	D	I	E	S	■	T	E

☞ ***EN SAVOIR PLUS :***

HORIZONTALEMENT

IV. *Joisse, joice, jouasse* sont des altérations de « joyeux ».

VI. On dit que celui qui a les *étiquettes* qui se décollent les a *face au vent*.

VIII. Suffixation fantaisiste de « seul ».

IX. Le *dolluche* est la devise tout aussi fantaisiste des *States*.

VERTICALEMENT

3. Le terme « alute » (ou alude) pour désigner une basane n'est plus guère employé.

4. En argot, une *brême* est une carte (à jouer, de flic, de tapineuse...).

9. a) Le *pousse-au-crime* désigne tout à la fois le vin ou l'eau-de-vie.

b) *Dass* est le verlan très approximatif de sida.

Chenilles

N° 12

Calter-Têtard-Tartempion-Pioncer-Cerceau(x)-Sorbonne-Bonniche-Nichons

☞ ***EN SAVOIR PLUS :***

1) « Caltez volaille ! » est une réplique, devenue culte, du film *Les Barbouzes* (1964).

5) Les *éponges* sont ici les poumons.

6) Dans *Le Père Goriot*, Balzac fait un amusant parallèle entre la *sorbonne*, siège de la pensée, et la *tronche*, tout juste bonne à être coupée.

7) La *casbah*, c'est encore la *bicoque*, la *crèche*, la *cagna*...

8) Métaphores automobiles parmi d'autres pour désigner les seins.

N° 13

Cornard-Narzo-Zobi-Bigorneau-Noraf-Raffut-Fumasse-Mastroquet

☞ ***EN SAVOIR PLUS :***

1) On dit aussi de ce cocu qu'il est *assaisonné au safran.*

2) Simple verlan de *zonard.*

3) Doillon recense plusieurs centaines de synonymes argotiques de « pénis ».

5) Parmi toutes les désignations racistes du Maghrébin, *noraf* est peut-être la moins péjorative.

6) *Ramdam* nous vient de l'arabe algérien et suggère les fêtes parfois bruyantes qui clôturent le ramadan.

Le dico de l'argot

Mots à relier

Faisan	Escroc
Fastoche	Facile, aisé
Fer à souder	Grand nez
Ficelle	Ruse
Flacon (avoir du)	Être âgé
Flapi	Fatigué
Fleur de bitume, de pavé…	Prostituée
Flotte	Eau
Flûte	Jambe
Four	Insuccès, échec

Jour 9 - solutions

Rébus

Mot 1 : Dé-cane-nier ; décaniller : partir

Mot 2 : Gros-scie-homme ; grossium : personne importante

Mots en argot : trouvez l'intrus !

Réponse : Garbure. Cette soupe de légumes et de confit peut par contre être achetée avec du *carbure*.

Expressions argotiques : trouvez l'intrus !

QUIZ N° 7

Réponse n° 6 : ce copain Lampion, peut-être prénommé Séraphin, n'a rien à faire ici, car l'expression exacte est *s'en soucier comme de Colin-Tampon*. Colin-tampon a d'abord été le nom d'une batterie de tambours des régiments suisses et de ses soldats, puis Colin (diminutif de Nicolas) a pris le sens péjoratif de « nigaud ». Associé au tambour par le verbe « tamponner », le colin-tampon est devenu un personnage comique, et insignifiant comme, peut-être, des bruits de tambours sur un champ de bataille.

☞ ***EN SAVOIR PLUS :***

Proposition n° 2 : le *coquillard* ayant pu, au XVIe siècle, désigner le pénis (et même, plus tard, le sexe de la femme), cette proposition pourrait appartenir au même paradigme que *s'en battre les couilles*.

Proposition n° 5 : Jacques Chirac préférait sans doute la formule qu'on lui prête souvent : « Ça m'en touche une sans faire bouger l'autre. »

Charade 8

	MACCHABÉE	Mac : proxénète
Version 1	Mach-Ah-Baie	Clapoir : bouche
Version 2	Mac-À-Bée	Viande froide : cadavre

Anagramme

Réponse : PIONCER

Mots croisés

SOLUTIONS N° 8

	1	2	3	4	5	6	7	8	9	10	11	12
I	F	R	E	N	C	H	C	A	N	C	A	N
II	R	E	C	U	L	O	T	T	E	E	■	O
III	I	N	U	T	I	L	E	■	N	■	S	U
IV	M	I	■	R	■	D	N	I	E	S	T	R
V	O	F	F	I	C	I	A	N	T	■	U	R
VI	U	L	■	T	O	N	I	C	■	E	P	I
VII	S	E	M	I	■	G	R	A	M	M	E	S
VIII	S	T	■	V	A	■	E	S	■	I	F	S
IX	E	T	R	E	I	N	S	■	B	R	I	O
X	S	E	N	S	E	E	■	P	I	S	A	N

☞ ***EN SAVOIR PLUS :***

HORIZONTALEMENT

II. Cette *minouse* abrite évidemment le *minou*, le *minet*, images en rapport avec la *chatte*.

VII. Pour éviter l'alcootest, c'est du moins ce que préconisent Les Binuchards, dans leur chanson *La Route à 3 grammes.*

VIII. Une *betterave* est dans ce cas précis une bouteille de vin rouge.

VERTICALEMENT

2. Il s'agit ici de cocaïne, mais la *blanche* désigne aussi l'héroïne.

9. C'est une variante, moins courante de *à voile et à vapeur*, pour « bisexuel ».

12. Les *amortisseurs* sont une des métaphores automobiles pour désigner les seins.

Chenilles

N° 14

Nez-Nécro-Crochets-Chetron-Trompette-Pétrousquin-Quinquets-Quéquette

☞ ***EN SAVOIR PLUS :***

1) Du nom de ce petit passereau à bec conique et pointu.

2) On fait votre nécrologie quand vous passez l'arme à gauche.

3) Vous avez en principe 32 *crochets* (ou crocs) dans la *margoulette*.

6) *Pétrousquin* est une resuffixation de *pétard*, « postérieur ».

7) Les *quinquets* (ou mirettes), pour « yeux », doivent leur nom au pharmacien Quinquet, qui perfectionna un système de lampe à huile au XVIIIe siècle.

N° 15

Cou-Courageux-Genou-Nougat-Gaviot-Viocard-Carcasse-Cassis

☞ ***EN SAVOIR PLUS :***

2) Le pronom « les » sous-entend les *couilles*.

3) Les *guibolles* vous servent, en cas de danger, à prendre la poudre d'escampette.

4) L'image du nougat pour désigner le pied reste obscure.

5) Dérivé du picard « gave », gosier d'un oiseau.

6) *Croulant* et *vioc*, ou *viocard* donnent à penser que vous avez *déroulé* pas mal de *câble*.

Le dico de l'argot

Mots à relier

Gail	Cheval
Galoche	Baiser sur la bouche
Galopin	Petit verre de bière
Gamberge	Réflexion
Gâterie	Fellation
Geek	Jeune passionné d'informatique
Givré	Ivre
Glandouiller	Paresser, être inactif
Gonfler	Ennuyer, excéder
Goualante	Chanson
Gratin	Élite
Grelots	Peur
Guette-au-trou	Sage-femme, gynécologue
Gus, gusse	Individu quelconque

Jour 10 - solutions

Rébus

Mot 1 : Thon-baies-duc-âme-ion ; tombé du camion : volé

Mot 2 : V-taux ; véto : vétérinaire

Devinette

Réponse : VALDINGUE

Expressions argotiques : trouvez l'intrus !

QUIZ N° 8

Réponse n° 3 : ce Maël est en fait un frimeur et, comme dans la chanson de Roland (pardon, de Renaud), il va se faire soulager de son équipement et se retrouver *à loilpé*.

En savoir plus :

Proposition n° 7 : ce *pilier de bar* confond tout naturellement la bière blonde belge Jupiler, qu'il *écluse* à tout va, avec le patron des dieux à Rome.

Charade 9

	BORDÉLIQUE	Clac : maison close
Version 1	Bordel-Hic	Lézard : inconvénient, difficulté
Version 2	Bordel-Hic	

Mot troué

Réponse : DURAILLE

Mots croisés

SOLUTIONS N° 9

	1	2	3	4	5	6	7	8	9	10	11	12
I	F	R	U	S	T	R	A	T	I	O	N	S
II	L	U	T	H	I	E	R		B	L	E	U
III	E	M	E	R	A	U	D	E		A	G	E
IV	M	E		A	R	S		R	A		R	E
V	M	U		P	E	S	T	A	S	S	E	S
VI	A	R	O	N		I	R	I	T	I	S	
VII	R		P	E	S	T	I	L	E	N	C	E
VIII	D	E	A	L		E		L		G	O	Y
IX	E	T		L	I	S	I	E	R	E		R
X	S	E	N	S	E		L	E	U	R	R	A

☞ ***EN SAVOIR PLUS :***

HORIZONTALEMENT

II. Le *jambonneau* désigne divers instruments de musique à cordes.

III. Quand on a pris *du flacon*, *de la bouteille*, *du poids*… c'est qu'on est proche de la date de péremption.

IV. Jean-Marie Vianney, le Curé d'Ars, est en fait né à Dardilly, près de Lyon.

VI. Raymond Aron (1905-1983) a écrit *L'Opium des intellectuels* en 1955, critique des dogmes et de la vision de l'histoire du marxisme.

VERTICALEMENT

2. *Se défrusquer*, c'est naturellement ôter ses *fringues*.

4. Et pour cause, car ces obus leur dégringolaient sur la *terrine* sans discontinuer !

5. Le *galure*, ou *galurin*, est ce qui orne votre chef. Il est de nos jours moins porté que la casquette.

8. On comprend mieux l'image quand on sait que le rogomme désignait autrefois une eau-de-vie forte.

12. L'eyra ou jaguarondi est en effet encore appelé chat-loutre.

Chenilles

N° 16

Soiffard-Farci-Sirop-Rosbif-Bifteck-Tequila-Lapin-Pinter

☞ ***EN SAVOIR PLUS :***

1) On dit aussi que ce boit-sans-soif a été *baptisé avec une queue de morue*.

2) et 4) *Bidoche* et *barbaque* sont les synonymes les plus courants de « viande ».

6) Cet *antigel* est du *schnaps*, de l'alcool fort.

8) *Siffler*, c'est plutôt boire d'un trait que boire beaucoup, comme le sous-entend *pinter*.

N° 17

Pinard-Hareng saur-Sorbet-Betterave-Raviolis-Limé-Mêlé-cass-Casquette

☞ ***EN SAVOIR PLUS :***

4) Il n'existe pas de terme spécifique pour une bouteille de blanc, à part la *roteuse* (champagne).

5) En tout cas dans le film *La vie est un long fleuve tranquille*.

7) Le *cassis* est l'une des métaphores fruitières pour la tête.

8) La *casquette en plomb* est le strict équivalent de la *gueule de bois*.

Le dico de l'argot

Mots à relier

Hareng	Proxénète
Haute (la)	La bonne société
Hivio	Hiver
Huile	Personnage important
Huître	Cracher / Une huître est un crachat

Jour 11 - solutions

Rébus

Mot 1 : Mât-queue-rot ; maquereau : proxénète

Mot 2 : Fer-tape-pisse-riz ; faire tapisserie : ne pas être invitée à danser

Devinette

Réponse : un crapaud !

Expressions argotiques : trouvez l'intrus !

QUIZ N° 9

Réponse n° 1 : une fille qui n'a rien pour inspirer l'amour est en réalité un *trumeau.*

Ce terme peut désigner aussi une personne âgée.

Charade 10

	BOULOTTER	Aller à dame : tomber
Version 1	Bout-Lot-Taie	Buffet : ventre
Version 2	Boule-Eau-Thé	

Anagramme

Réponse : POIREAUX

Mots croisés

SOLUTIONS N° 10

	1	2	3	4	5	6	7	8	9	10	11	12
I	G	R	A	S	S	O	U	I	L	L	E	T
II	L	O	T	I	O	N	■	R	U	A	D	E
III	A	T	H	■	F	E	T	A	R	D	E	S
IV	V	U	L	G	A	R	I	S	E	R	■	S
V	I	R	E	■	S	E	■	C	■	E	G	O
VI	O	I	T	A	■	U	N	I	R	■	E	N
VII	T	E	I	N	T	S	■	B	I	E	N	S
VIII	E	R	S	■	R	E	P	L	E	T	E	■
IX	N	E	M	E	E	■	I	E	N	A	■	I
X	T	S	E	T	S	E	■	S	T	U	P	S

☞ ***EN SAVOIR PLUS :***

HORIZONTALEMENT

II. Ce *lard* est votre propre *couenne*, et les *vermicelles* sont vos cheveux.

VII. La *Santoche*, la *Santaga*, c'est aussi la prison de la Santé, à Paris.

X. *Enroupiller,* c'est, sans grande surprise, endormir.

VERTICALEMENT

1. Cette *huître* est naturellement plus copieuse qu'un simple postillon, puisqu'il s'agit d'un *mollard.*

4. Une *longe* est une année. S'utilise seulement pour la durée, pas pour l'âge. Exemple : tirer trois longes de cabane.

5. À noter que dans le conte de Crébillon fils *Le Sopha*, ce meuble narre déjà les diverses péripéties dont il est le témoin.

6. Il n'y a pas d'explication satisfaisante à ce *grisol*, qui signifie *bonbon*, coûteux.

12. La ville d'Is-sur-Tille est omniprésente dans les grilles, et organise pour cette raison un festival annuel de mots croisés.

Chenilles

N° 18

Épie-Pigeon-Joncaille-Caillasse-Assassinat-Narcotrafiquant-Cambriole-Olives

☞ ***EN SAVOIR PLUS :***

3) L'imagination pourtant débridée de l'argotier n'a produit que le seul mot *jonc* (et son dérivé *joncaille*) pour désigner l'or et les bijoux en or. Quant au *monte-en-l'air*, il s'agit du cambrioleur escaladant les façades.

5) De *flingue*, *flingot*, « fusil », le terme *flingueur* a été popularisé par le film de Lautner *Les Tontons flingueurs*.

7) Encore un mot d'origine argotique (la *cambriole* était une chambre, à dévaliser bien entendu !), devenu parfaitement fréquentable.

8) Une *olive* est en argot une balle d'arme à feu, ici de revolver.

N° 19

Truanderie-Rififi-Filouterie-Ripou-Poulaga-Gapette-Pétochard-Charlatan

☞ ***EN SAVOIR PLUS :***

2) Le terme *rififi* a été popularisé par le roman d'Auguste Le Breton *Du rififi chez les hommes*, puis par le film de Jules Dassin (1954).

4) Le verlan de « pourri » doit son succès au film de Claude Zidi, *Les Ripoux* (1983).

5) Les gallinacés occupent une place de choix dans l'argot de la police : la *poule*, la *volaille*, ce *poulaga*, le *poulardin*, la *maison Poulmann*, *Royco*... L'explication nous en est donnée sur le site du ministère de l'Intérieur lui-même :

« En 1871, Jules Ferry met à disposition de la préfecture de police la caserne de la Cité pour en faire son siège. Cette caserne ayant été bâtie sur l'emplacement de l'ancien marché aux volailles de Paris, le sobriquet de poulet est alors donné aux policiers.»

Le dico de l'argot

Mots à relier

Iep	Pied (verlan)
Imbitable	Incompréhensible
Indic	Indicateur de police

Jour 12 - solutions

Rébus

Mot 1 : Poux-lait ; poulet : policier

Mot 2 : broc-quille ; broquille : minute

Devinette

Réponse : Saint-Augustin.

Saint-Ger est l'abrégement de Saint-Germain-des-Prés. Tout le *saint-frusquin* signifie «et tout le reste», pour clore une énumération et à la *saint-glinglin* s'emploie naturellement pour «jamais».

Expressions argotiques : trouvez l'intrus !

QUIZ N° 10

Réponse n° 7 : quoique moins fréquent que le *Rital* ou le *Macaroni*, *l'Italboche* n'en reste pas moins un Italien, mais ce n'est pas pour autant qu'il a vocation à incarner la vitesse, contrairement à la balle *boche*, la munition allemande, qui lors des conflits passés, a fait preuve d'une remarquable efficacité.

☞ ***EN SAVOIR PLUS :***

Proposition n° 6 : par temps de forte *cuite*, une *route à quatre grammes* (chemin vicinal, voire de traverse ou simple piste) s'impose pour rentrer chez soi, mais les *pandores* connaissent généralement aussi la combine.

Mot troué

Réponse : ESGOURDES

Charade 11

	BOUTONNIÈRE	Nière : individu quelconque
Version 1	Boue-Tonne-Hier	Surin : couteau
Version 2	Bouts-Taux-Nière	plutôt au pluriel

Mots croisés

SOLUTIONS N° 11

	1	2	3	4	5	6	7	8	9	10	11	12
I	M	A	L	E	N	T	E	N	D	A	N	T
II	A	P	E	R	O		P	I	E	M		W
III	C	O	S	E	T	T	E		N	U	E	E
IV	C	L	I		E	R	E	M	I	S	T	E
V	H	O	N	T	E	U	S	E	M	E	N	T
VI	A	G	E	E		B		I		E	A	
VII	B	I	N	O	C	L	A	R	D	S		D
VIII	E	S	T	R	I	E	N		A	E	R	E
IX	E	T		B	E		S	A	M		A	F
X	S	E	M	E	L	L	E	S		E	P	I

☞ ***EN SAVOIR PLUS :***

HORIZONTALEMENT

II. Ces *apéros*-là sont de la famille des anisés.

III. Un *déchard* est naturellement un *gonze* qui est dans la *dèche*, la *mouise.*

IV. Le *clicli*, *clito* ou *berlingot* est l'un des constituants de la *foufounette.*

VI. Le *vioc* ou *viocard* était naguère encore appelé aussi *croulant.*

X. Ces *lattes* désignent évidemment vos *pompes.*

VERTICALEMENT

7. Quand ce n'est pas un chien, un *cador* est un expert, un *ponte*, une *épée*...

9. *Dam*, pour Amsterdam, est obtenu par la troncation des deux premières syllabes (aphérèse).

11. *Zic* est un autre exemple d'aphérèse (suppression de la syllabe initiale de « musique »).

12. Le pronom « en » est un substitut de « testicules » (ici, des *couilles*).

Chenilles

N° 20

Encule-Culbuter-Téton-Tomber-Béguin-Guinguette-Guette-au-trou-Troufignon

☞ ***EN SAVOIR PLUS :***

1) Dans l'impressionnant vocabulaire de la sodomie, *enculer* est probablement le plus trivial, mais c'est aussi le plus utilisé.

5) En argot des « vrais de vrai », *béguin* a un sens un peu plus spécifique : une *béguineuse* est une prostituée susceptible de s'attacher à un client, et donc de contrevenir aux règles du milieu.

6) Les guinguettes des bords de Seine ou de Marne étaient fort courues. Une *gagneuse* est une prostituée de bon rapport.

7) *Guette-au-trou* désigne le gynéco, l'accoucheur, la sage-femme. Cette dernière porte encore le titre tout aussi raffiné de Mme *Tire-Môme*, *Tire-Monde*...

8) Sorte de mot-valise composé de « trou » et de *fignon*, « anus ».

N° 21

Minou-Nouba-Baratiner-Négligé-Génitaux-Tolérance-Renseignements-Mandoline

☞ ***EN SAVOIR PLUS :***

1) *Brouter le minou* revient à pratiquer le cunnilinctus.

3) *Emballer* a ici le sens de *tomber*, séduire.

7) *Aller aux renseignements*, c'est tenter de connaître les réactions de la personne désirée.

Le dico de l'argot

Mots à relier

Jactance	Bagou, bavardage, discussion
Jacter	Parler, causer
Jar(s)	Argot (apocope de « jargon »)
Jaspiner	Parler
Jetons	Peur
Jongler	Se passer de, être privé de
Junky	Drogué

Week-end 2 - solutions

Mots croisés

SOLUTIONS N° 12

	1	2	3	4	5	6	7	8	9	10	11	12
I	G	E	R	O	N	T	O	L	O	G	I	E
II	E	B	A	H	I	E	S		U	L	V	E
III	N	E	N	E		Z	E	Z	A	Y	E	
IV	E	R	G		C	I		A	O	C		D
V	A	L	E	S	A	G	E		U	E	L	E
VI	L	U	E	U	R		O	T	A	R	I	E
VII	O	E		R	O	S	S	E	R	I	E	S
VIII	G	E	M	I	T			T	O	N	D	S
IX	I		E	N	T	R	A	I	N	E		E
X	E	U	S	S	E		A	N	S	E	E	S

☞ ***EN SAVOIR PLUS :***

HORIZONTALEMENT

III. a) Ce *nibard* vient du nom de l'inventeur-fabricant Édouard Robert, qui fut longtemps le symbole de l'allaitement artificiel. Le « biberon Robert à soupape » voit le jour à la fin des années 1860.

b) Avoir une bonne *tapette*, c'est faire un usage immodéré de sa *menteuse*.

IV. *Ciflard* est obtenu par aphérèse de *sauciflard*.

VI. *Jongler* a en argot le sens de *se brosser*, être privé de.

VERTICALEMENT

4. Une *boutonnière* est une blessure occasionnée par ce genre de couteaux.

5. Comme leur nom l'indique, ces *clopes* nuisent gravement à la santé. Le *bouclard* est une boutique, un commerce, ici un *estanco*.
11. Le *frisé* désigne un Allemand.
12. Le Prix de Diane est une course de pouliches. Appliqué à l'argot, il s'agit d'un *joli petit lot*, d'abord parce qu'une *pouliche* désigne une femme, et probablement aussi en raison des élégantes qu'on croise à Chantilly à cette occasion.

Version

1) En six mois à peine, Gérard put acheter, avec les gains que lui rapportaient ses « protégées », une belle BMW.
2) Le truand retiré des affaires fulmine auprès du serveur : « Ah ! Ces satanés jeunes des cités ! Ils m'ont volé mon portefeuille dans le métro, comme si j'**étais un vrai** "pigeon" ! »
3) Avec des dettes dans tous les bars du quartier, Frédéric ne voyait pas bien comment il allait pouvoir continuer à boire sans répondant.

Reconstituez le lexique !

COUCOU
COUP DE LATTE
COURANTE
COURTINES
CRACK
CRADINGUE

Devinette

Il s'agit sans surprise du majeur.

Charade 12

	PARENTHÈSES	Darons : parents
Version 1	Part-En-Thèse	
Version 2	Parents-Thèse	

Anagramme

Réponse : BENARD

Jour 15 - solutions

Rébus

Mot 1 : Mate-os ; matos : matériel

Mot 2 : Bas-dix-jonc ; badigeon : maquillage

Devinette

Réponse : L'**œil de bronze**, *troisième œil* ou *cyclope*, désigne l'anus.

Expressions argotiques : trouvez l'intrus !

QUIZ N° 11

Réponse n° 2 : ce qu'il s'agit de *se magner* ici, c'est bien le *fion* (ou n'importe quelle autre de ses variantes : la *rondelle*, le *prose*...).

Charade 13

	BRINDEZINGUE	Trocsif : café, bar
Version 1	Brin-De-Zinc	Zinc : comptoir
Version 2	Brin-Deux-Zinc	

Anagramme

Réponse : FIESTA

Mots croisés

SOLUTIONS N° 13

	1	2	3	4	5	6	7	8	9	10	11	12
I	P	A	N	T	O	U	F	L	A	R	D	S
II	A	G	U	I	C	H	E	U	S	E	■	I
III	R	U	D	E	■	L	U	T	A	G	E	S
IV	T	E	I	N	T	A	I	T	■	R	U	E
V	O	R	T	■	E	N	L	A	C	E	E	■
VI	U	R	E	E	S	■	L	I	A	S	S	E
VII	S	I	■	A	S	C	E	T	E	S	■	N
VIII	A	■	P	U	O	N	S	■	C	I	E	L
IX	R	O	I	■	N	I	■	D	U	O	D	I
X	D	O	S	E	S	■	D	A	M	N	E	E

☞ ***EN SAVOIR PLUS :***

HORIZONTALEMENT

II. *Lolita* a pour origine le roman sulfureux de Nabokov (1955), et a eu depuis une belle postérité.

III. L'*hivio* est en principe l'époque où l'on *se pèle le jonc*.

V. L'argot est plus enclin à l'abrègement des mots qu'à leur développement. Ce n'est pas le cas ici pour ce *bradillon*, qui désigne le bras.

VIII. *Troufigner* fait partie de la nombreuse cohorte des verbes signifiant « sentir mauvais ».

b) C'est d'ailleurs pour cette raison qu'on appelle ce nabot *loin-du-ciel*.

VERTICALEMENT

3. Ces *toiles* sont les draps de votre *pucier*.

6. a) Le *chleu*, ou *chleuh*, est une désignation péjorative et vieillie de l'Allemand.

b) Les *fafs* (*faffes*, *fafiots*) sont en argot vos papiers d'identité.

7. Celui qui est *constipé des feuilles* a besoin d'un sonotone. *Esgourdes*, pour « oreilles », viendrait du breton « skouam », de même sens.

Chenilles

N° 22

Belote-Loterie-Rimaille-Maillots-Opéra-Rami-Mikado-Dominos

☞ ***EN SAVOIR PLUS :***

1) Les *brêmes* sont avant tout des cartes à jouer, mais elles désignent aussi toute autre carte (police, identité...). J.P. Colin suggère un lien avec la brème, poisson large et plat.

4) *Fringues* viendrait de l'élégance du pinson (famille des fringillidés).

N° 23

Bricoler-Lego-Goguette-Gaîté-Techno-Noctambule-Buller-Lézarder

☞ ***EN SAVOIR PLUS :***

2) Le *moujingue* est un *mouflet* ou encore un *moutard.*

5) Verlan sans surprise de « musique », parfois apocopé en *zic* tout court.

7) *Buller*, c'est évidemment *coincer la bulle.*

8) *Lézarder*, c'est kif-kif : se dorer au soleil, sans *en fiche une secousse.*

Le dico de l'argot

Mots à relier

Kiffer	Aimer
Kilbus	Litre de vin

Jour 16 - solutions

Rébus

Mot 1 : Harpe-pion ; arpion : pied

Mot 2 : Gants-berge-haie ; gamberger : penser, réfléchir

Devinette

Il s'agit d'une infection sexuellement transmissible.

Expressions argotiques : trouvez l'intrus !

QUIZ N° 12

Réponse n° 4 : ce que font ces taulards en tapant sur leur assiette, c'est du *barouf* !

EN SAVOIR PLUS :

Proposition n° 1 : *zik* est un exemple de troncation par aphérèse (de « musique »).

Proposition n° 5 : le mot *ramdam* vient des fêtes parfois bruyantes qui accompagnent la fin du ramadan.

Charade 14

	DÉBECTANT	Galette : argent
Version 1	Des-Bec-Taon	Gerbe : vomissement
Version 2	Dé-Bec-Temps	

Mot troué

Réponse : EPONGES

Mots croisés

SOLUTIONS N° 14

	1	2	3	4	5	6	7	8	9	10	11	12
I	P	O	T	D	E	C	H	A	M	B	R	E
II	A	L	E	A	T	O	I	R	E	■	E	P
III	L	E	T	■	E	L	E	E	■	E	V	A
IV	I	C	T	E	R	E	■	N	E	V	E	U
V	C	R	E	A	N	C	I	E	R	■	I	L
VI	H	A	■	G	U	T	T	U	R	A	L	E
VII	O	N	■	L	E	O	■	S	E	T	■	T
VIII	N	E	P	E	■	M	I	E	■	O	S	T
IX	N	■	U	■	A	I	L	■	E	M	U	E
X	E	N	S	O	L	E	I	L	L	E	E	S

☞ ***EN SAVOIR PLUS :***

HORIZONTALEMENT

I. J.K. Huysmans emploie les deux termes dans une même phrase : « *thomas de faïence et jules de zinc.* »

III. Le verbe *cogiter* n'est pas ici inapproprié, car avant de devenir familier, il a eu, dans la langue cultivée, ce même sens de « penser ».

VII. Léo Malet, l'auteur des *Nouveaux Mystères de Paris.*

VIII. Cette *punaise de sacristie* est une cousine proche (que Buffon nous pardonne !) de la *grenouille de bénitier.*

X. Issu du travail des vignerons (J.P. Colin), ce curieux *bourguignon* mûrit pourtant de la même manière les grappes du Mâconnais et celles du Bordelais.

VERTICALEMENT

3. Si l'on admet, bien sûr, que cette *boutonnière* est une blessure au couteau.

5. Vous avez ce *fer à souder* au milieu de la figure, puisqu'il s'agit de votre (grand) nez.

11. La *casquette en plomb* vous pèse le lendemain d'excès de boisson.

12. Si l'on considère, naturlich, que les épaulettes sont les galons d'officier, alors que la *sardine* ne concerne que le sous-off.

Chenilles

N° 24

Kébour-Bourrin-Ringard-Garette-Rétamé-Mérinos-Noceur-Sœurette

☞ ***EN SAVOIR PLUS :***

1) Le *kébour* désigne certes ce couvre-chef, mais également, par métonymie, celui qui le porte, l'agent de police.

2) Contrairement au *bourrin*, le *canasson* n'est pas forcément un mauvais cheval.

4) *Garette* est simplement l'aphérèse de « cigarette ».

7) *Faire la java*, c'est effectivement faire la *bringue*, la *noce*...

N° 25

Condé-Dégueulasse-Lascar-Carrosse-Rosbif-Biffetons-Tontine-Tinette

☞ ***EN SAVOIR PLUS :***

1) L'origine du mot condé, attesté dès le XIXe siècle, reste obscure.

5) *Rosbif* s'emploie en raison des habitudes culinaires du peuple anglais (TLF).

6) *Biffeton* s'applique aussi à tout autre billet (train, loterie...), que vous pouvez garder aussi dans votre portefeuille.

8) On peut espérer que ces tinettes ou seaux à merde ont cédé le pas aux véritables *cagoinces*.

Le dico de l'argot

Mots à relier

Lard	Peau
Lardeuss	Pardessus
Lardon	Bébé, jeune enfant
Lardu	Policier
Latte	Chaussure
Limace	Chemise
Loin-du-ciel	De petite taille
Loupiote	Bougie, lampe, faible source de lumière
Lourde	Porte
Loute	Fille, jeune femme
Luisard	Soleil

Jour 17 - solutions

Rébus

Mot 1 : Porte-pipe ; porte-pipe : bouche

Mot 2 : Pelle-loches ; pelloche : film

Devinette

Il s'agit de l'apocope.

Expressions argotiques : trouvez l'intrus !

QUIZ N° 13

Réponse n° 4 : ce qui peut compliquer l'enquête du commissaire Navarro, c'est un impondérable, un *avaro*.

Charade 15

Version 1 et 2	CAILLASSAGE Caille-As-Âge	Rouston : testicule Balai : an, année Carat : an, année Keuf : verlan tronqué de « flic »

Anagramme

Réponse : ROTEUSE

Mots croisés

SOLUTIONS N° 15

	1	2	3	4	5	6	7	8	9	10	11	12
I	R	A	N	D	O	N	N	E	U	S	E	S
II	A	G	I	O	T	E	U	R	S		C	A
III	P	O	N	T	I	F	I	E		A	L	I
IV	E	N	A		T	A	T	I	L	L	O	N
V	T	I	S	S	E	S		N	O	I	S	E
VI	A	S		E		T	I	T	U	B	E	S
VII	S	A	C		H	E	R	E	D	O	S	
VIII	S	N	O	B		S	O	E	U	R		G
IX	E	T	R	O	N		N		N	O	C	E
X	N	E	O	N	A	Z	I	S		N	U	L
XI	T		T	E	U	F	E	U	R		L	E

☞ ***EN SAVOIR PLUS :***

HORIZONTALEMENT

I. Le *pinceau* est pris ici dans son sens de *ripaton.*

II. *L'Embrouille* est précisément le nom de la Bourse dans le vocabulaire des escrocs.

IV. Un *ponte* est un *gros légume*, une *pointure.*

VI. Un *pochetron* est un soiffard, un poivrot, tout comme le *biturin* qui suit.

VII. C'est l'abréviation familière de *hérédosyphilitique*, du temps où la syphilis était considérée comme une maladie héréditaire.

VERTICALEMENT

4. Il s'agit de l'actuelle Annaba. Dans *Tout l'argot des banlieues*, Abdelkarim Tengour indique que *djez* est l'apocope du mot arabe « djazayri », pour « algérien ».

5. a) Et pas seulement ces grandes oreilles ! Toutes les *esgourdes* sont concernées.

b) John-Antoine Nau fut le premier lauréat du Goncourt en 1903.

9. Soupçonnée de nombreux empoisonnements, Marie Besnard fut finalement acquittée.

11. En vertu de cette forte sentence : « Et mon cul, c'est du poulet ? »

Chenilles

N° 26

Orgie-Gynéco-Coquelicots-Cocu-Culbutant-Tantouze-Touzepart-Pare-chocs

☞ ***EN SAVOIR PLUS :***

3) C'est par centaines que l'imagination populaire a forgé, au fil des siècles, des images de cette indisposition passagère.

6) Le suffixe -ouse n'améliore déjà pas l'image de cette *tante*, qui est un homosexuel, mais l'emploi dépréciatif du féminin confirme encore le peu d'estime qu'a le milieu pour ce genre d'individus.

7) Le terme « officiel » pour désigner ces plaisirs partagés est en effet *partouze*.

N° 27

Plume-Plumard-Marie-couche-toi-là-Lasciveté-Tébi-Bibelots-Lolos-Lopette

☞ ***EN SAVOIR PLUS :***

1) Outre la fellation, *plume* (au masculin) désigne aussi le suivant, le *paddock*, le *pucier*.

3) L'expression se passe de commentaires.

4) L'un et l'autre termes sont plutôt littéraires, mais il faut bien faire avec !

5) Rien de bien châtié, par contre, dans cette *bite* verlanisée.

7) Dans le registre familier, le *lolo* n'est que le lait qui en sort.

Le dico de l'argot

Mots à relier

Malfrat	Truand
Marcotin	Mois
Margoulette	Tête
Marron	Coup de poing
Mastoc	Lourd, massif
Mégoter	Lésiner
Menteuse	Langue (organe)
Mézig(ue)	Moi
Mirettes	Yeux
Mistoufle	Misère, situation difficile
Mousse	Bière
Moutardier	Anus, postérieur

Jour 18 - solutions

Rébus

Mot 1 : A-boulet-Ça-barbe-bac ; abouler sa barbaque : venir, arriver

Mot 2 : Passe-tag-A ; pastaga : apéritif anisé

Devinette

Réponse : L'anguille de garçon.

Il s'agit en fait de *l'anguille de caleçon.*

Expressions argotiques : trouvez l'intrus !

QUIZ N° 14

Réponse n° 4 : il arrive, en fait, des jeunes filles *à foison* dans ce camping. Pour ce qui est de leur toison, ces deux animateurs en seront sans doute pour leurs frais : la mode de l'épilation est probablement passée par là !

Charade 16

	CALENDO(S)	Balai : an, année
Version 1	Cale-An-Do	Endosses : dos, épaules
Version 2	Cale-An-Dos	Briffer : manger

Mot troué

Réponse : MOUSTAGACHES

Mots croisés

SOLUTIONS N° 16

	1	2	3	4	5	6	7	8	9	10	11	12
I	R	E	N	T	R	E	D	E	D	A	N	S
II	E	C	O	E	U	R	E		U	S	E	E
III	P	L	U	M	A	R	D	E	E	S		N
IV	R	O	B	E		E	A	U		I	O	S
V	I	S	A	R	D		I		I	S	B	A
VI	M	E		A	U	L	N	E	S		A	S
VII	A	R	R	I	V	I	S	T	E	S		S
VIII	N	I	T	R	E	S		R	E	A	C	
IX	D	E	L	E	T	E	R	E		P	L	I
X	E	S		S	E	S		S	P	E	E	D

☞ ***EN SAVOIR PLUS :***

HORIZONTALEMENT

I. *Rentre-dedans* n'a pas que ce sens d'« avances amoureuses », il signifie aussi, plus littéralement, « corps à corps ».

II. Parmi plusieurs autres sens, *gerbe* a effectivement celui de « vomissement ».

III. Un *gus* qui s'est *plumardé* s'est donc mis au *page*, au *plumard*.

IV. a) La robe enveloppe certes le gros cigare, mais aussi le petit ninas.
b) Ce *Château-Lapompe*, aux allures de grand cru, n'est autre que de la *flotte* du *robico*.

VERTICALEMENT

4. Le pronom « les » sous-entend un synonyme féminin de testicules : *burnes*, *roupettes*.

9. *Jaspiner*, c'est *jacter*, parler, discuter. *Jaspiner le jar(s)*, c'est parler argot (apocope de jargon).

11. a) *Raisin* (et peut-être plus souvent *raisiné*) sont très fréquents en argot pour désigner le sang.
c) La *lourde* est la porte par laquelle vous entrez dans votre *turne.*
12. Le vocabulaire de l'hyperbole évolue sans cesse : il est loin, le temps où *sensass, bath* avaient le sens de nos modernes *super, génial, mortel...*

Chenilles

N° 28

Corgnolon-Lombaires-Béret-Réchaud-Chaussures-Survêt'-Vêtement-Menton

☞ ***EN SAVOIR PLUS :***

1) Origine obscure pour ce *corgnolon*, où vous pouvez d'ailleurs, tout aussi bien, nouer un *nœud pap.*
3) La *cafetière* fait partie d'une série de métaphores ménagères désignant la tête (*carafon, terrine...*), une autre, non moins importante, étant constituée des fruits et légumes.
4) Employé seulement dans l'élégante expression *avoir le feu au réchaud*, pour parler d'une femme de fort tempérament.
5) Du provençal moderne *arpi(h)oun*, « petite griffe ».
7) *Viande* est à prendre ici au sens de « corps ».

N° 29

Bouffant-Fendard-Dargeot-Jogger-Guêpière-Pierrot-Rognons

☞ ***EN SAVOIR PLUS :***

3) *Dargeot, dargif* : resuffixation argotique de « darrière », prononciation populaire et parisienne de « derrière », selon J.P. Colin.
5) C'est l'expression « taille de guêpe » qui a donné son nom à ce sous-vêtement.

Le dico de l'argot

Mots à relier

Paddock	Lit
Palanquée	Grande quantité
Paletot sans manches	Cercueil
Parc des refroidis	Cimetière
Passer un savon	Réprimander
Pastaga	Pastis
Pastiquette	Coït
Piaf	Moineau, oiseau quelconque
Poiler (se)	S'amuser
Pourrave	Pourri, nul, sans intérêt

Jour 19 - solutions

Rébus

Mot 1 : Tas-rein ; tarin : nez

Mot 2 : Sent-tee-n'-aile ; sentinelle : étron

Version

« Mangez cinq fruits par jour », recommande-t-on à la télévision, « c'est bon pour la santé ! » Le problème, c'est leur prix exorbitant, et le fait qu'ils soient bourrés de pesticides.

Expressions argotiques : trouvez l'intrus !

Réponse n° 3 : le rasta amateur de reggae n'est pas forcément un avorton. Il s'agit bien entendu ici du mastard, mot dérivant de « massif ».

Charade 17

Version 1 Version 2	CANASSON Cane-As-Son Cane-As-Son	Bouseux : paysan Cador : expert Étiquettes : oreilles Cambrousse : campagne Courtines : courses hippiques

Anagramme

Réponse : TARIN

Mots croisés

SOLUTIONS N° 17

	1	2	3	4	5	6	7	8	9	10	11	12
I	T	R	E	M	B	L	E	M	E	N	T	S
II	R	A	C	O	L	A	G	E		U	R	E
III	A	C	O	R	E		O	R	M	I	E	R
IV	I	C	T	E	R	E		L	A		P	E
V	T	O		S	I	T	U	A	T	I	O	N
VI	R	U	T		O	R		N	E	N	N	I
VII	I	R	R	I	T	E	E		R		E	T
VIII	S	C	I	E		N	U	D	I	S	M	E
IX	E	I	N		A	N	X	I	E	T	E	
X	S	E	E	S		E		A	L	E	S	E

☞ ***EN SAVOIR PLUS :***

HORIZONTALEMENT

I. Parfois discutée, l'expression *sucrer les fraises*, pour « être gâteux », doit être prise dans son sens littéral : verser du sucre en poudre sur les fruits, imitant ainsi les mouvements incontrôlés d'une personne âgée ou alcoolique.

V. Un *gau* était un pou, un *toto*.

VI. C'est par ce seul mot de *jonc* que l'argotier désigne la préoccupation majeure du malfrat : l'or.

VIII. La *boutique* désigne plaisamment ici les organes génitaux de l'homme comme de la femme.

X. La *lance* ou *lancequine* a souvent le sens de pluie, mais ici, c'est de *pisse* qu'il s'agit.

VERTICALEMENT

2. Cette célèbre « abbaye » accueillit de nombreux visiteurs, particulièrement sous la Terreur puisqu'il s'agissait de la guillotine.

6. *Dérouiller* ou *étrenner*, c'est faire la première affaire de sa journée, pour un commerçant, ou son premier client pour la prostituée.
7. Pronom de la troisième personne construit sur le modèle de *mézig(ue).*
8. Les barbiers d'antan poudraient les perruques et se retrouvaient donc enfarinés comme des merlans prêts à frire.
11. Surtout lorsqu'il est pâle, puisqu'il s'agit de l'agent de transmission de la syphilis.

Chenilles

N° 30

Pot-Pochard-Chargé-Génépi-Pissentits-Livarot-Rôti-Tire-bouchon

☞ ***EN SAVOIR PLUS :***

2) Le *pochard* est encore appelé *pochetron.*
3) Autrement dit : qui a pris une bonne *charge.*
5) Vous *mangez les pissenlits par la racine* quand vous avez *lâché la rampe.*
7) *S'endormir sur le rôti*, c'est s'arrêter en pleine action.
8) Comme si l'on arrachait la goupille d'une grenade.

N° 31

Flambe-Embardées-Débordé-Débitant-Tanguer-Guet-apens-Pentue-Tutute

☞ ***EN SAVOIR PLUS :***

2) Ces zigzags montrent assez que le poivrot marche avec des *pompes à bascule.* Plusieurs hypothèses sur l'origine du mot *bistro(t)*, dont une fantaisiste : les Cosaques occupant Paris en 1814 auraient employé le mot *bistro*, « vite » pour se faire servir à boire plus rapidement.
3) L'étymologie de *loufiat* reste obscure.
4) Aphérèse de *mastroquet* (peut-être du flamand, « tenancier d'auberge ») même sens. Dans cette famille de débits de boissons, le *bistroquet* est un croisement entre *bistrot* et *troquet.*

6) D'origine franco-provençale ou franc-comtoise, petit réduit dans une écurie pour jeunes animaux, le *caboulot* est un cabaret un peu plus mal famé que les précédents.

8) *Biberonner*, *tututer*, c'est boire du *tutu*, du vin.

Le dico de l'argot

Mots à relier

Rabibocher (se)	Se réconcilier
Rabiot	Supplément
Rasoir	Importun, casse-pieds
Râteau (prendre un)	Se faire éconduire
Ratichon	Prêtre, curé
Rebecter (se)	Se refaire une santé
Rectifier	Tuer
Régulière	Épouse légitime
Rencard	Rendez-vous
Reniflette	Cocaïne
Replier son parapluie	Mourir
Riflette	Guerre, zone des combats
Rigolo	Revolver
Robert	Sein
Rosbif	Anglais
Roteuse	Bouteille de champagne
Roubignole	Testicule
Roupette	Testicule

Week-end 3 - solutions

Mots croisés

SOLUTIONS N° 18

	1	2	3	4	5	6	7	8	9	10	11	12
I	B	O	N	I	M	E	N	T	E	U	R	S
II	O	P	E	R	A	T	I	O	N	N	E	L
III	U	P	P	E	R	C	U	T		E	P	I
IV	F	R	A	N	C		E	A	U		U	P
V	F	I	L	E	E	S		L	S	D		S
VI	A	M		E	L	E	V	E	U	R	S	
VII	N	E	C		S	U	A		R	I	P	A
VIII	T	E	U	F		L	U	T	I	N	E	R
IX	E		I	U	L	E		H	E	G	E	L
X	S	O	T	T	I	S	I	E	R		D	O

☞ ***EN SAVOIR PLUS :***

HORIZONTALEMENT

VI. Le *picton* est du vin, issu du mot piquette, mais sans avoir la connotation péjorative de celle-ci.

VII. Utilisation un peu lâche de la grammaire latine.

VERTICALEMENT

5. Il est vrai que le *paletot* n'est pas vraiment un débardeur, mais faire allusion au cercueil était quand même tentant.

7. L'un des plus petits États du monde.

8. La totale est le nom familier de l'hystérectomie complète.

12. En termes de brocante, l'*arlo* est un objet sans valeur, un rossignol.

Version

1) Avec un seul coup de poing – bien asséné, il est vrai !–, le petit passeur de drogue livra le nom de son fournisseur.

2) Pour éviter la rafle, Bertrand, qui n'avait pas de papiers, était complètement saoul et portait sur lui un revolver, préféra se jeter à l'eau.

3) En surveillance dans un bar depuis deux heures, le policier n'avait pas lésiné : il avait bu sept demis ! Il fut pris d'une envie incoercible d'uriner, mais à son retour, le suspect s'était volatilisé !

Reconstituez le lexique !

PROJO	Projecteur
PROSE	Postérieur, fessier
PRUNE	Contravention
PRUNEAU	Balle (arme à feu)
PUCIER	Lit

Devinette

Réponse : Il s'agit d'*une dérouillée*, d'une bonne correction.

Charade 18

	PÉTOCHARD	Toto : pou Les avoir moites : avoir peur
Version 1	Paît-Tau-Char	
Version 2	Paix-To-Charre	

Jour 22 - solutions

Rébus

Mot 1 : Broche-haie ; brochet : proxénète

Mot 2 : Bure-nœud ; burne : testicule

Devinette

Réponse : des Coquillards.

Expressions argotiques : à vous de traduire !

• Maud n'avait vraiment pas de chance : pour une fois que son mari devait s'absenter quelques jours et qu'elle pensait en profiter avec son jeune amant, il fallait qu'elle soit indisposée !

• Comme il louche outrageusement, Fernand a bien du mal à ne pas se perdre dans le métro. Pour lui, toutes les stations se ressemblent !

Charade 19

	CANARDER	Caner : mourir
Version 1	Canne-Are-Des	Zicmu : musique (verlan)
Version 2	Cane-Arts-Dé	Défourailler : tirer

Mot troué

Une **étagère à mégot** est l'oreille d'un artisan, d'un ouvrier…

Mots croisés

SOLUTIONS N° 19

	1	2	3	4	5	6	7	8	9	10	11	12
I	J	M	E	N	F	O	U	T	I	S	T	E
II	O	I	S	E	L	E	T	■	N	A	O	■
III	A	S	T	R	O	N	O	M	I	Q	U	E
IV	I	T	O	U	■	O	P	A	Q	U	E	S
V	L	O	C	D	U	■	I	G	U	E	■	P
VI	L	U	■	A	L	E	S	I	E	N	N	E
VII	I	F	S	■	C	U	T	S	■	T	O	C
VIII	E	L	I	T	E	■	E	T	E	■	B	E
IX	R	E	R	■	R	A	S	E	U	S	E	S
X	E	S	S	I	E	U	■	R	E	E	L	■

EN SAVOIR PLUS :

HORIZONTALEMENT

IV. *Imbitable* n'a en argot que ce seul sens d'« incompréhensible ».

VII. En raison, entre autres, de sa longévité, l'if est souvent planté dans les cimetières.

VIII. *Se décarpiller*, c'est ôter ses frusques.

IX. *Leur* est l'aphérèse de contrôleur dans les transports, et ces jeunes de banlieue ne sont pas forcément pressés d'avoir affaire à lui.

VERTICALEMENT

4. *Affurer*, c'est gagner (surtout de l'argent), obtenir.

5. L'*estogom* (*estom'* ou *estome*) est une pièce maîtresse de votre *buffet*.

7. *Se berlurer*, c'est rêver, se faire des illusions.

11. Selon Cellard et Rey, *avoir le bonjour d'Alfred*, c'était, pour un chauffeur de taxi ou un garçon de café, ne pas recevoir de pourboire.

Chenilles

N° 32

Aventure-Turbin-Bengale-Galeries-Rigodon-Donjon-Jongler-Lecture

☞ ***EN SAVOIR PLUS :***

2) Le *turbin* est un travail pénible et désigne aussi le racolage. Origine peu claire mais sans rapport, pour des raisons d'antériorité, avec une turbine.

4) Apocope de châssis, au sens ancien de « fenêtre ».

N° 33

Rampant-Pantoufler-Flemmarder-Débrouillard-Aristo-Taulière-Eremiste-Mistoufle

☞ ***EN SAVOIR PLUS :***

1) *Rampant* est le nom donné au personnel de l'aviation travaillant à terre, par opposition au personnel navigant.

6) *Taulier* désigne le patron, dans tous les sens du terme (bar, hôtel, maison de passe, entreprise).

7) *La table qui recule* est une belle image de la faim qu'on ne peut assouvir faute de moyens.

8) Resuffixation populaire de « misère ».

Le dico de l'argot

Mots à relier

Santoche	Santé
Sapé	Habillé
Sardine	Galon de sous-officier
Sardine (égoutter la)	Uriner
Sauciflard	Saucisson
Schnaps	Eau-de-vie
Scier	Étonner, stupéfier
Scribouillard	Bureaucrate, toute personne dont le métier est d'écrire
Se brosser	Se passer de, être privé de
Soutif	Soutien-gorge
Store	Paupière

Jour 23 - solutions

Rébus

Mot 1 : Esse-cale-hop ; escalope : oreille

Mot 2 : S-gourde ; esgourde : oreille

Devinette

Réponse : Rabelais dans son *Gargantua*. Brassens a repris l'expression dans sa chanson *Le Moyenâgeux.*

Expressions argotiques : à vous de traduire !

• En regardant la manifestation des étudiants, trois mendiants se rappellent avec nostalgie le bon vieux temps de mai 68 : eux aussi voulaient changer le monde !

• À la roulette, André commençait à engranger quelques gains, quand il fut pris de colique. Malheureusement, quand il revint des toilettes, la chance avait tourné !

Charade 20

	CARABINÉE	Tarbouif : nez
Version 1	Quart-Habits-Né	Cuite : état d'ivresse
Version 2	Car-Habits-Nez	Compèt' : compétition

Anagramme

Réponse : ECLUSER

Mots croisés

SOLUTIONS N° 20

	1	2	3	4	5	6	7	8	9	10	11	12
I	C	O	N	S	O	M	M	A	T	I	O	N
II	A	P	O	T	H	E	O	S	E	S	■	I
III	S	P	E	R	M	E	■	T	■	E	U	T
IV	S	O	L	E	■	T	O	R	T	O	R	E
V	E	S	■	S	P	I	R	O	U	■	F	S
VI	D	I	S	S	O	N	A	N	T	E	■	C
VII	A	T	T	A	■	G	L	A	U	Q	U	E
VIII	L	I	O	N	S	■	E	U	S	■	R	N
IX	L	O	U	T	E	S	■	T	■	E	T	C
X	E	N	T	E	T	E	M	E	N	T	■	E

☞ ***EN SAVOIR PLUS :***

HORIZONTALEMENT

IV. La *tortore* comme la *boustifaille* servent à entretenir votre *carcasse.*

V. Le suffixe argotique *-abre* est employé plaisamment et n'apporte rien de particulier au mot qu'il modifie (cf. *seulabre*).

VII. a) Les fourmis du genre « atta » découpent les feuilles qui servent de compost au mycélium d'un champignon dont elles se nourrissent. b) En dehors de sa relation avec la couleur de la mer, le mot « glauque » a évolué jusqu'à récemment ; ses sens figurés sont nombreux, assez flous, mais toujours péjoratifs.

VERTICALEMENT

1. *La sauter* (ou *la péter*), c'est précisément *avoir la dalle*, crever de faim.

2. *Des clous* est l'expression énergique d'un rejet.

3. Ces *ribouis* que vous déposez sous le sapin sont *naturlich* vos *grolles*.

6. Quand il est aérien, car un meeting peut concerner d'autres domaines.

7. Le *clapoir* vous sert naturellement à *claper*, à vous sustenter.

8. Se trouvent ainsi réunies dans la même phrase deux tournures exprimant la béatitude.

11. Le *paletot sans manche* est l'équivalent du *costard*, votre dernier costume.

Chenilles

N° 34

Chiale-Alopécie-Ciré-Raie-Réa-Abattis-Tibia-Biathlon

☞ ***EN SAVOIR PLUS :***

2) La plus classique des images de la calvitie, avec la *casquette en peau de fesse* et la *patinoire à mouches*.

3) La *lance* désigne l'eau, la pluie et aussi l'urine.

4) L'*entremichon* est la raie qui sépare vos *miches*, vos fesses.

6) Il convient de numéroter tous ses os avant la bagarre, afin de pouvoir les remettre en place ensuite.

7) La *flûte* est une jambe, plutôt mince et longue.

N° 35

Maigrit-Grimace-Mastoïde-Idées-Derrière-Hernie-Nibards-Barbouze

☞ ***EN SAVOIR PLUS :***

3) C'est grâce à vos étiquettes que vous percevez les sons.

4) *Citron* a ici le sens de « tête », mais en tant que siège de la pensée.

5) Ce *moutardier*, pour « postérieur », n'est effectivement pas le plus raffiné.

7) Le *soutif* maintient les *avantages* de la femme.

Le dico de l'argot

Mots à relier

Tabac (le même)	La même chose
Taf	Travail
Taper du goulot	Avoir mauvaise haleine
Tâter (en)	Être expert, s'y connaître
Taulard	Prisonnier
Taulier	Patron
Terrine	Tête
Tifs	Cheveux
Tireur	Pickpocket, voleur à la tire
Titine	Voiture
Toc	Faux, imitation
Toile (la)	Le Web, Internet
Tremper le pinceau	Faire l'amour
Tripotée	Grand nombre
Troufigner	Sentir mauvais
Tuer le ver	Boire de l'alcool à jeun

Jour 24 - solutions

Rébus

Mot 1 : Mort-dû ; mordu : amoureux

Mot 2 : Nid-bar ; nibard : sein

Devinette

Réponse : Croquignol, Filochard et Ribouldingue

Expressions argotiques : à vous de traduire !

• Kevin s'apprêtait à pratiquer le « *coitus interruptus* » quand la sonnerie de son téléphone portable retentit. Neuf mois plus tard, suite à cette fausse manœuvre, naissaient deux beaux bébés, qui furent prénommés Julie et Pauline.

• Le vieux forgeron du village était tellement goinfre que, lorsqu'il perdit ses dernières dents, à 87 ans, il se mit à déprimer et finit par se pendre.

Charade 21

	CARAFON	Gaspard : rat
Version 1	Cas-Rat-Fond	Boutanche : bouteille
Version 2	Cas-Rat-Fond	Ciboulot : tête

Mots troués

PIEUTER

FEIGNASSE

Mots croisés

SOLUTIONS N° 21

	1	2	3	4	5	6	7	8	9	10	11	12
I	V	E	N	T	R	I	P	O	T	E	N	T
II	A	V	A	R	I	C	I	E	U	S	E	S
III	L	E	S	I	N	E	R	■	B	■	F	A
IV	D	I	E	■	G	■	O	D	E	R	■	R
V	I	L	S	■	A	L	G	A	R	A	D	E
VI	N	L	■	A	R	A	U	C	A	N	■	V
VII	G	E	I	N	D	R	E	■	C	A	M	I
VIII	U	■	P	I	E	D	■	P	E	T	I	T
IX	E	T	E	S	■	U	R	E	■	R	O	C
X	R	A	S	E	U	S	E	■	B	E	U	H

☞ ***EN SAVOIR PLUS :***

HORIZONTALEMENT

II. L'argotier fait appel ici au redoublement de « futé ». Le *fute* est par ailleurs votre *futal*, ou *grimpant*.

VII. Pierre-Henri Cami est un humoriste français (1884-1958).

VIII. Le pied, qui vous sert à *arquer*, est peut-être plus connu encore sous le nom d'*arpion*.

IX. *À loilpé* est l'exemple type de largonji : la première consonne d'un mot est rejetée à la fin et remplacée par un « l ».

VERTICALEMENT

2. *Gniasse* désigne un individu quelconque, et forme des périphrases pronominales avec mon, ton, son...

4. Le *perniflard* est effectivement un apéritif anisé, de la marque Pernod.

8. Il s'agit ici de *pédé*, mais *tata* aurait pu tout aussi bien faire l'affaire.

9. Rappelons qu'en français familier, une *truffe* est un imbécile. J.P. Colin suggère, pour expliquer l'emploi dépréciatif de ce champignon recherché, que la truffe a une « apparence peu esthétique ».

Chenilles

N° 36

Loufiat-Ascaris-Rissolé-Laitues-Turbot-Bodega-Gavé-Vermouth

☞ ***EN SAVOIR PLUS :***

1) Étymologie obscure pour ce garçon de café qu'est le *loufiat* : plusieurs hypothèses, mais peu séduisantes.

6) *Espingo*, *Espingouin* est une désignation parfois plaisante, mais plus souvent péjorative de l'Espagnol.

N° 37

Bout-Bouffer-Faitout-Tourteau-Torchée-Chérimole-Mollet-Lèchefrite

☞ ***EN SAVOIR PLUS :***

2) *Baufrer*, pour « manger goulûment », est attesté dès 1507.

3) En argot, *cuistance* a les deux sens du mot « cuisine ».

5) En rapport avec la biture du marin : longueur de câble suffisante pour mouiller l'ancre ?

Le dico de l'argot

Mots à relier

Valdinguer	Tomber
Vermicelles	Cheveux
Veste	Échec aux élections
Véto	Vétérinaire
Viande à pneu	Piéton
Vioc, viocard	Vieux
Violon	Prison

Jour 25 - solutions

Rébus

Mot 1 : An-tube-haie ; entuber : arnaquer

Mot 2 : Haie-feuille-œufs-'z ; effeuilleuse : stripteaseuse

Devinette

Ras-la-touffe.

Expressions argotiques : à vous de traduire !

• Un pain d'une livre, un bon saucisson et un fromage alléchant, le tout arrosé d'un verre de vin, que peut-on demander de plus ?

• Le vieil ivrogne arborait, au milieu de la figure, un superbe nez cramoisi. Il avait dû en dépenser, de l'argent, pour le mettre dans cet état !

Charade 22

	CARAMBOLAGE	Condé : policier
Version 1	Car-En-Bol-Age	Pige : année
Version 2	Car-An-Bol-Âge	Prendre du bouchon : vieillir
		Caisse : voiture

Anagramme

Réponse : RADIS

Mots croisés

SOLUTIONS N° 22

	1	2	3	4	5	6	7	8	9	10	11	12
I	C	H	A	N	C	E	T	I	Q	U	E	R
II	H	E	T	A	I	R	E	S		R	U	
III	A	R	T		L	U	N	E	T	I	E	R
IV	U	B	A	C		C	O	R	A	N		I
V	S	I		A	S	T	R	A	G	A	L	E
VI	S	V	E	L	T	E		N		I	O	N
VII	E	O	L	E		N	S		L	E	U	S
VIII	T	R	I	P	O	T	A	I	E	N	T	
IX	T	E	T	I	N		G	A	S	T	R	O
X	E		E	N	T	R	E	N	T		E	N

EN SAVOIR PLUS :

HORIZONTALEMENT

I. Ce *retour à la terre* n'a rien d'écolo, il s'agit simplement d'un bon *valdingue*, à quoi peut s'attendre le poivrot qui chancelle.

IV. De l'arabe « arabi », même sens. La forme *arbicot* a donné *bicot*.

V. C'est avec vos *pinceaux* que vous pouvez *arquer*. Albertine Sarrazin s'est brisé l'astragale en s'évadant de prison, ce qui donne son titre au roman publié en 1965.

IX. *Bureau* (ou *burlingue*) est l'un des nombreux synonymes argotiques de « ventre ».

VERTICALEMENT

1. Ce *nougat* n'est pas typique de Montélimar puisqu'il désigne un *ripaton*, un pied.

5. Ce *calot* n'a rien à voir avec la coiffure du *troufion*, il désigne tout simplement vos *mirettes*. C'est ainsi que *boiter des calots* équivaut à loucher.

Chenilles

N° 38

Comac-Macchabée-Betterave-Ravalement-Manchard-Charlot-Lopaille-Paillasse

☞ ***EN SAVOIR PLUS :***

1) *Comac* vient du provençal *comme aco*, « (grand) comme ça », qui se dit en tenant les deux mains écartées. Exemple : il a pris un brochet comac.

2) Le *cadavre*, par contre, désigne en argot la bouteille que vous venez de vider.

5) Ce clochard fait évidemment la *manche*.

7) À noter que *lope* ou *lopette* sont plus courants que *lopaille*.

N°39

Boudin-Dingo-Gogues-Gogo-Goguenots-Nozigues-Zigotto-Tord-boyaux

☞ ***EN SAVOIR PLUS :***

1) En argot, la laideur ne semble toucher que la femme : *cageot, mocheté, tarderie, thon, trumeau...* À croire que tous les hommes sont des Adonis !

2) Ou il *yoyote de la touffe*.

3) Les *gogues* sont les *chiottes*, où l'on se rend pour *débourrer*.

5) Du normand *goguenot*, « pot à cidre », devenu pot de chambre.

6) *Mézig(ue)* et sa série sont en réalité la fusion de périphrases pronominales : mon zigue, ton zigue... (cf. *ma pomme, sa fraise...*).

8) Le *raide* est un alcool fort.

Le dico de l'argot

Mots à relier

Youpin, youtre	Juif (raciste)
Zef, zeph	Vent
Zic	Musique (par aphérèse)
Zinc	Comptoir de bar, avion
Zob	Pénis
Zoner	Errer sans but, sans rien faire
Zyeuter	Regarder

Jour 26 - solutions

Rébus

Mot 1 : P-broc-queue ; pébroque : parapluie

Mot 2 : Fil-loche ; filoche : filature policière

Devinette

Une **éponge** est d'abord un ivrogne (il absorbe beaucoup). Au pluriel surtout, les **éponges** désignent les poumons : avoir les **éponges mitées**, c'est être atteint de tuberculose.

Expressions argotiques : à vous de traduire !

• Après soixante ans d'excès de boisson, le vieil ivrogne était saisi de tremblements terribles ! Quand il mangeait, il devait faire attention à ne pas se piquer le nez avec sa fourchette !

• Qu'il mange peu ou qu'il s'empiffre, Raymond se trouve constipé à chaque début de vacances à l'étranger. Il ne parvient à aller à la selle qu'au bout d'une semaine.

Charade 23

Version 1 Version 2	CHARANÇONS Chas-Rang-Son Chat-Rend-Son	Greffier : chat Peau de renard : vomissure Esgourdes : oreilles

Mots troués

PESCAL

MARE AUX HARENGS

PALUCHE

Mots croisés

SOLUTIONS N° 23

	1	2	3	4	5	6	7	8	9	10	11	12
I	F	A	B	U	L	A	T	R	I	C	E	S
II	A	H	U	R	I	S	S	E	M	E	N	T
III	C	A	V	E	A	U	■	A	B	A	C	A
IV	I	N	E	S	■	I	L	■	R	■	E	D
V	L	E	T	■	E	V	A	N	O	U	I	E
VI	E	■	I	G	O	R	■	A	G	E	N	■
VII	M	O	E	L	L	E	S	■	L	■	T	A
VIII	E	R	R	A	I	■	P	O	I	L	E	E
IX	N	■	E	N	E	M	A	■	O	U	E	D
X	T	I	S	A	N	E	S	■	S	I	S	E

☞ ***EN SAVOIR PLUS :***

HORIZONTALEMENT

III. Le piège tombe à plat si l'on ignore qu'en argot, *faire des cordes*, c'est être constipé.

VI. Surtout si on les compare aux *pruneaux* qui sortent d'une arme à feu.

X. Ce sont évidemment les mots *danse* et *tisane*, au sens de *rouste*, bonne correction, qui sont populaires.

VERTICALEMENT

1. *Les doigts dans le nez* ou *dans un fauteuil* sont d'autres tournures pour rendre la facilité.

3. *Rade* au masculin est synonyme de bistrot, bar.

7. À noter que ces bouillons ne se prennent pas seulement à onze heures.

10. *Césarin, césarine* sont des resuffixations fantaisistes du pronom personnel cézig.

Chenilles

N° 40

Repaire-Perdreau-Dreauper-Perquise-Kisdé-Déboucler-Clébard-Barboter

☞ ***EN SAVOIR PLUS :***

2) Le *poulet* traditionnel se métamorphose à l'occasion en *perdreau.*

3) Le même en verlan.

4) Apocope de « perquisition ».

5) Verlan approximatif de « déguisé » (en civil).

6) Exprime l'action inverse de « boucler ».

7) *Clébard* ou *clebs* est issu de l'arabe *kelb* (pl. *kleb*), même sens (J.P. Colin).

N° 41

Commissariat-Avocat-Cabane-Banni-Nier-Estourbi-Biscuit-Cuisiner

☞ ***EN SAVOIR PLUS :***

1) Quand l'interrogatoire est musclé et que vous refusez d'avouer.

2) Le *bavard*, encore appelé *baveux* ou *babillard*, est chargé de votre défense.

4) La *trique* est une mesure judiciaire d'interdiction de séjour. En 1463, Villon fut banni de Paris pour une durée de dix ans, après quoi on perdit sa trace.

5) *S'allonger*, *s'affaler*, c'est aussi avouer, *vider son sac.*

8) Si l'on *se met à table,* c'est évidemment pour *manger le morceau*, les deux expressions signifiant encore avouer.

Le dico de l'argot

Mots à relier

Asperge	Pénis
Bas-du-cul	De petite taille
Charbon	Travail
Clebs	Chien
Colbac	Cou
Crack	As, champion
Craque	Mensonge

Week-end 4 - solutions

Mots croisés

SOLUTIONS N° 24

	1	2	3	4	5	6	7	8	9	10	11	12
I	C	H	A	U	F	F	A	I	L	L	O	N
II	R	E	M	P	A	I	L	L	E	U	S	E
III	A	S	I	A	T	E	■	O	■	T	I	F
IV	P	I	■	S	I	R	O	T	E	■	E	L
V	U	T	E	■	G	E	R	I	A	T	R	E
VI	L	A	■	G	A	M	M	E	■	O	■	S
VII	E	N	G	I	N	E	E	R	I	N	G	■
VIII	U	T	■	E	T	N	A	■	E	D	O	M
IX	S	E	I	N	■	T	U	R	P	I	D	E
X	E	S	■	S	I	■	X	Y	S	T	E	S

☞ *EN SAVOIR PLUS :*

HORIZONTALEMENT

I. Ce qui n'est pas forcément le cas de l'habitant de Chauffailles en Saône-et-Loire

VERTICALEMENT

2. *Se gratter* a précisément ici le sens de « hésiter ».

8. Le cadre et certains personnages de *Madame Bovary* ont été inspirés à Flaubert par ce village de Ry.

9. Ces jeunes ne se sont pas trop foulés pour verlaniser le mot pied.

11. Parmi la pléiade des mots désignant l'argent, *osier* est bien moins employé aujourd'hui que *blé* ou *thune*. Comme pour *oseille*, son origine n'est pas bien établie.

Version

1) L'individu qu'on surnommait « Bobosse » était si bossu que les gens du village disaient qu'il avait « son compteur à gaz dans le dos » : pourtant, il ne se chauffait qu'au fuel !

2) En baissant son pantalon pour faire ses besoins, le quidam aperçut trois gros cèpes : il se rhabilla aussitôt et sortit son couteau !

3) Dans une manifestation, un individu de grande taille est favorisé par rapport à un plus petit : il peut voir d'où vont surgir les policiers.

Reconstituez le lexique !

Pompe	Chaussure
Pointure	Personnage important
Rif	Feu
Santaga	Santé
Tarin	Nez
Tiéquar	Quartier (verlan)
Torgnole	Bonne correction
Turne	Chambre, logement

Devinette

Il s'agit de la matraque du policier, qui peut vous endormir plus vite que vous ne voudriez.

Charade 24

	BISTROQUET	Bicoque : maison
Version 1	Bis-Trop-Quai	Canasson : cheval
Version 2	Bis-Trot-Quai	Dur : train
		S'humecter les amygdales : boire

Chenille

N° 42

Godet-Délirium-Omnivore-Vorace-Rassis-Civet-Verre-Verveine

☞ *EN SAVOIR PLUS :*

1) Origine controversée pour ce *guindal* qui se *sèche* (se boit), de toutes manières, dans un *rade*, un débit de boissons.

2) *Gobette* a le sens plus précis de « habitude de la boisson ».

5) De l'ancien français *briche*, « morceau de pain ».

7) Par métonymie, le *zinc* désigne le comptoir de bistrot constitué de ce métal et très courant autrefois.

Jour 29 - solutions

Mots croisés à gogo !

SOLUTIONS N° 25

	1	2	3	4	5	6	7	8	9	10	11	12
I	F	O	R	N	I	C	A	T	R	I	C	E
II	O	R	E	I	L	L	E	R	■	D	A	N
III	L	A	P	E	■	O	R	O	B	E	■	G
IV	D	I	R	E	C	T	E	U	R	■	O	R
V	I	S	I	S	■	U	N	■	A	F	R	O
VI	N	O	M	■	A	R	T	I	S	A	N	S
VII	G	N	A	S	S	E	■	M	I	T	I	S
VIII	U	■	N	A	T	■	O	P	E	R	E	E
IX	E	N	D	O	R	M	I	■	R	A	R	E
X	S	U	E	■	E	C	L	I	S	S	E	S

☞ ***EN SAVOIR PLUS :***

HORIZONTALEMENT

II. Ce *page* au masculin vous sert évidemment à *pioncer.*

IV. Ce *singe* est avant tout un patron, un *dirlo.*

VI. Le *plombard* s'occupe de vos problèmes de *robico*, tandis que le *bouif* ressemelle vos *grolles.*

VII. Maître Mitis est le chat de la fable « Le Chat et un vieux Rat ».

IX. Déformation plaisante de l'expression « dans les bras de Morphée ».

VERTICALEMENT

5. Encore une belle image disparue, celle de la lune dénonçant vos activités nocturnes délictueuses.

7. *Coincer* fait partie de la nombreuse cohorte des verbes signifiant *schlinguer.*

12. Une femme qui *gondole de la devanture* a forcément *un polichinelle dans le tiroir.*

SOLUTIONS N° 26

	1	2	3	4	5	6	7	8	9	10	11	12
I	M	A	I	G	R	I	C	H	O	N	N	E
II	O	R	P	A	I	L	L	A	G	E	■	R
III	U	L	E	M	A	■	A	I	R	B	A	G
IV	J	E	■	E	■	V	I	S	E	U	R	■
V	I	S	O	L	O	I	R	■	S	L	A	M
VI	N	I	O	L	E	S	■	A	S	E	■	A
VII	G	E	L	E	S	■	P	S	E	U	D	O
VIII	U	N	I	■	T	U	A	I	■	S	U	■
IX	E	N	T	O	R	T	I	L	L	E	E	S
X	S	E	E	■	E	■	R	E	U	S	S	I

☞ ***EN SAVOIR PLUS :***

HORIZONTALEMENT

III. a) Verlan sans surprise du mot « arabe ». Définition à l'emporte-pièce, car tous les Arabes ne sont pas forcément musulmans.
b) L'*airbag* fait partie de tout un jeu de métaphores automobiles pour désigner les seins.

IV. *Rectifier*, c'est également *dessouder*, c'est-à-dire vous *faire la peau.*

VI. L'amateur d'eau-de-vie n'a que le choix pour l'orthographe de ce mot : toutes les graphies possibles sont attestées dans la documentation, la forme utilisée ici restant cependant moins courante.

IX. *La faire à l'envers* avait un devancier, sous la forme de *la faire à l'oseille*, mais le résultat était le même : vous étiez *entubé* dans les deux cas.

X. Camille Sée, à l'origine de la loi instituant les lycées pour jeunes filles (1880).

VERTICALEMENT

9. a) Le *salé* dont il est question ici est un bébé, un jeune enfant.

b) En vertu de la formule *beurré comme un p'tit Lu*, équivalente à *rond comme une queue de pelle*.

10. *Entraver* est l'un des ancêtres de nos modernes *piger*, *capter*. Du vieux français « enterver », de même sens.

11. *Carmer*, c'est *cracher au bassinet*, payer.

SOLUTIONS N° 27

	1	2	3	4	5	6	7	8	9	10	11	12
I	M	A	S	T	U	R	B	A	T	I	O	N
II	A	N	E	S	T	H	E	S	I	S	T	E
III	T	E	T	U		O	R		N	A	T	
IV	E	R	I	N	E		L	I	T	R	O	N
V	R	E	F	A	C	T	U	R	E		M	U
VI	N	C		M	O	U	E		M	I	A	M
VII	E	T	R	I	P	E		R	E	N	N	E
VIII	L	I	E		E	R	R	A	N	T		R
IX	L	O		U	N	I	E		T	R	I	O
X	E	N	T	E	T	E	E		S	O	N	S

EN SAVOIR PLUS :

HORIZONTALEMENT

III. b) De nombreuses espèces de verges d'or (ou solidages) ont des vertus médicinales.

c) Marie-José Nat.

IV. a) Le tranche-lard officie à l'hosto puisque c'est un chirurgien.

b) *Kilbus* est une resuffixation fantaisiste de kilo (de vin).

VERTICALEMENT

6. *Une tuerie* fait partie de la liste interminable et sans cesse renouvelée des formulations superlatives, du genre ça *démoule*, ça *envoie*...

8. Ce genre de chevalier erre plutôt dans les bars gays, la *rosette* désignant ici l'anus.

11. *Chébran* est le verlan de *branché*, dans le coup.

SOLUTIONS N° 28

	1	2	3	4	5	6	7	8	9	10	11	12
I	P	R	E	S	E	R	V	A	T	I	F	S
II	R	E	I	N	C	A	R	C	E	R	E	E
III	O	R	D	■	H	U	I	T	■	E	U	X
IV	T	■	E	N	A	■	L	U	T	■	L	E
V	E	T	R	A	N	G	L	E	U	S	E	■
VI	S	A	S	■	G	R	E	L	E	■	M	O
VII	T	U	■	V	I	E	■	L	U	G	E	R
VIII	E	P	A	I	S	S	I	E	S	■	N	E
IX	N	E	G	A	T	I	F	■	E	N	T	E
X	T	E	E	■	E	L	S	A	■	O	S	S

☞ ***EN SAVOIR PLUS :***

HORIZONTALEMENT

II. Cette *cabane* est la *taule* où vous ont conduit vos activités délictueuses.

III. *Craspec* est l'un des avatars de crasseux, *cradingue*, *crado*...

V. Ce *corgnolon* est tout bêtement votre *colbac*, autour duquel vous nouez votre cravate.

IX. Terme de refus fort courant, notamment chez les militaires.

VERTICALEMENT

2. La *caillera* est sans surprise la racaille en verlan.

7. Un *cadavre* est tout ce qui reste de votre *boutanche* quand vous l'avez *sifflée*.

12. La verve populaire fait preuve d'une imagination débridée pour désigner les parties les plus intimes de votre anatomie (plusieurs centaines d'images répertoriées).

Charades

Charade 25 Version 1 Version 2	CARAMBOUILLE Quart-En-Bouille Quart-Han-Bouille	Bobine : visage Faisan : escroc
Charade 26 Version 1 Version 2	MANDIBULE Ment-Die-Bulle Mendie-Bulle	Manche : mendicité Mastéguer : manger
Charade 27 Version 1 Version 2	CASTAGNER Kaas-Ta-Niais Casse-Ta-Niais	Marron : coup de poing
Charade 28 Version 1 Version 2	CHARIBOTER Char-Hie-Botté Char-I-Botté	Derche : postérieur Coup de latte : coup de pied
Charade 29 Version 1 Version 2	CHIATIQUE Chie-A-Tique Chie-Ah-Tique	Étron : excrément
Charade 30 Version 1 et 2	CLOPINETTES Clos-Pis-Net	Bouclarès : fermé Que dalle : rien

Charade 31 Version 1 Version 2	COLOMBIN Colle-On-Bain Col-On-Bain	Biclou : bicyclette Sentinelle : excrément
Charade 32 Version 1 Version 2	COLOQUINTE Col-Oh-Quinte Colle-Eau-Quinte	Sirop de parapluie : eau Soufflets : poumons Caboche : tête
Charade 33 Version 1 Version 2	PALPITANT Pale-Pi-Tan Pâle-Pis-Temps	Partir les pieds devant : mourir
Charade 34 Version 1 Version 2	DÉCHIRÉ Dèche-Ire-Hé Dèche-Ire-Hé	Givré : ivre Shooté : drogué

Chenille

N° 43

Poire-Poireau-Robinet-Nénés-Névralgie-Gigues-Gigots-Gosier

☞ ***EN SAVOIR PLUS :***

4) Édouard Robert fut un industriel du XIXe siècle, inventeur du biberon éponyme (le biberon Robert à soupape) qui domina longtemps le marché de l'allaitement artificiel. Le *robert* est donc devenu, par antonomase, un des *avantages* de la femme.

N° 44

Nombril-Iliaque-Académie-Miro-Roter-Théière-Éraflure-Urologue

☞ ***EN SAVOIR PLUS :***

1) *Zyeuter*, c'est regarder avec ses yeux.

3) Ce *châssis*, pour « corps » (généralement de femme), est le plus souvent dénudé dans l'atelier du *barbouilleur*.

5) *Estogom*, pour *estome*, apocope de « estomac », semble propre à Pierre Perret.

6) Comme d'autres appareils ménagers, la *théière* désigne la tête.

7) Il ne s'agit pas ici de votre blouson de cuir, mais de votre *couenne*, votre peau.

Jour 30 - solutions

Mots croisés

SOLUTIONS N° 29

	1	2	3	4	5	6	7	8	9	10	11	12
I	M	O	L	L	A	S	S	O	N	N	E	S
II	A	M	O	U	R	A	C	H	E	E		A
III	L	I	T		P	S	I		G	R	O	G
IV	A	C	I	D	E		E	T	R	I	P	E
V	D	R	O	I	T	E		O	I	T		S
VI	R	O	N	D	E	L	E	T	T	E	S	
VII	O	N		E		I	T	O	U		A	A
VIII	I		P	R	E	T	E	N	D	A	N	T
IX	T	R	I	O	L	E	T		E	P	A	R
X	E	M	E	T		S	E	C		I	S	E

☞ ***EN SAVOIR PLUS :***

HORIZONTALEMENT

III. Ce *paddock* vous sert naturellement à vous *pieuter.*

IV. L'*acide* est une drogue hallucinogène, encore appelée LSD.

V. Le *charbon* dont il s'agit ici est bien sûr le travail.

VERTICALEMENT

1. Ou *manchote des deux bras.*

2. Il s'agit d'une révérende mère.

3. C'est en effet sur votre peau (ou sur vos *tifs*) que vous enduisez cette lotion.

9. Le *noircicaud*, ou *noirpiaud*, est souvent originaire d'Afrique.

11. *Op* est l'apocope du mot opium.

12. a) Le *capital* en question tend à se dévaloriser puisqu'il s'agit de la virginité.

b) Ces *fumerons*, nus ou dans leurs *fumantes*, vous servent à *arquer.*

SOLUTIONS N° 30

	1	2	3	4	5	6	7	8	9	10	11	12
I	A	C	C	O	U	P	L	E	M	E	N	T
II	L	O	U	C	H	E	U	S	E	S	■	A
III	L	I	B	E	L	L	E	■	U	P	A	S
IV	U	■	E	L	A	■	T	A	R	I	N	S
V	M	I	S	O	N	E	I	S	T	E	■	E
VI	E	N	■	T	■	E	N	E	R	G	I	E
VII	U	■	A	S	E	■	E	P	I	L	A	S
VIII	S	I	C	■	T	E	■	S	E	E	S	■
IX	E	S	T	O	U	R	B	I	R	■	I	F
X	S	O	U	L	I	G	N	E	E	S	■	I

EN SAVOIR PLUS :

HORIZONTALEMENT

I. Ce jeu est déjà illustré, chez Rabelais, par Gargamelle et Grandgousier, et plus récemment chez Brassens.

II. L'argot tourne toujours en dérision toutes les infirmités physiques.

VIII. Louis Forton est né, en effet, dans cette commune de l'Orne.

VERTICALEMENT

4. Il s'agit du boulevard de Sébastopol, intéressant pour l'argotier car il présente à lui seul deux procédés de création : l'aphérèse (*Topol*) et l'apocope (*Sébasto*).

5. Ce *rigolo* n'a rien de particulièrement réjouissant puisqu'il s'agit d'un revolver.

11. En argot, *bled* n'a pas seulement le sens de *patelin* perdu. Il peut aussi désigner un pays, ou comme ici, une ville de près de 300 000 habitants.

SOLUTIONS N° 31

	1	2	3	4	5	6	7	8	9	10	11	12
I	R	A	P	A	P	I	L	L	O	T	E	S
II	E	V	A	P	O	R	E	E	■	I	N	A
III	S	A	■	O	L	E	C	R	A	N	E	S
IV	S	N	A	C	K	■	H	E	■	O	R	S
V	E	C	U	R	A	G	E	■	D	■	G	E
VI	M	E	■	Y	■	U	R	A	N	I	U	M
VII	E	M	■	P	R	E	■	N	I	E	M	E
VIII	L	E	T	H	A	R	G	I	E	■	E	N
IX	E	N	S	E	R	R	A	■	P	O	N	T
X	E	T	E	■	E	E	■	G	R	U	E	S

☞ ***EN SAVOIR PLUS :***

HORIZONTALEMENT

IV. Si le *jonc* désigne l'or, les *roseaux* sont aussi les cheveux et peuvent donc avoir cette teinte.

IX. a) Le mot *allonges* désigne ici les *ailerons*, les bras.

b) Pour parler de grossesse, le *polichinelle dans le tiroir* est plus courant que *sous le tablier*.

VERTICALEMENT

6. La *riflette*, c'est précisément la guerre, la zone des combats.

9. Le *Boche* est une désignation péjorative de l'Allemand, « dans un contexte de guerre », précise J.P. Colin.

SOLUTIONS N° 32

	1	2	3	4	5	6	7	8	9	10	11	12
I	R	O	N	D	O	U	I	L	L	A	R	D
II	E	L	U		L		N	I	E	R	A	I
III	V	E	I	N	A	R	D	E	S		S	E
IV	E	R	S	E		I	E		B	M		U
V	N	O	E	U	D	S		P	I	E	U	X
VI	A	N	T	R	E		R	I	E	N	S	
VII	N	A	T	O	U	F	I	E	N	S		J
VIII	T	I	E	N	S		S	U		U	T	E
IX	E	S		E	I	G	H	T	I	E	S	
X	S	E	N	S	O	R	I	E	L	L	E	S

☞ ***EN SAVOIR PLUS :***

HORIZONTALEMENT

III. En argot, la chance est pratiquement toujours associée au postérieur : *avoir du cul, du fion*… Dans son *Argot en 20 leçons*, Louis-Jean Calvet fait une étude assez « pénétrante » de cette évolution sémantique.

IV. Depuis toujours, le langage populaire est volontiers machiste, et cette *bite à roulettes*, pour désigner une voiture de marque BMW, est particulièrement insultante pour la gent féminine.

VII. Les Natoufiens commencent en effet à se sédentariser, vers cette époque, au Moyen-Orient.

IX. Cette décennie est d'ailleurs la même pour l'*Alsaco* ou le *Corsico*.

VERTICALEMENT

3. La *limace*, encore appelée *liquette*, fait partie des *frusques*, surtout masculines. Elle a pour origine le verbe limer, la chemise frottant contre le dos comme une lime.

8. C'est effectivement dans ce *pucier*, ce *pieu*, que vous *en écrasez*.

9. La *gougnotte* est l'un des noms courants (et le diminutif) de la *gouine*.
10. Il y a 12 *marcotins* (ou *marqués*) dans une *pige*. Nous avons vu que *ligoter* est l'équivalent fantaisiste de « lire ».
12. Particulièrement au Kalahari, dans le film devenu culte de Jamie Uys en 1980.

Charades

Charade 35 Version 1 Version 2	COQUELICOTS Coq-Lie-Caux Coke-Lit-Co	Coke : cocaïne En écraser : dormir Coquelicots : règles, menstrues
Charade 36 Version 1 Version 2	CHIPOLATA Chie-Pot-La-Ta Chie-Pot-Las-Tas	Mouler (ou couler) un bronze : déféquer Pacsif : paquet Cigare à moustaches : pénis
Charade 37 Version 1 Version 2	PANTOUFLARD Paon-Touffe-Lard Pan-Touffes-Lard	Défourailler : tirer (arme à feu) Bar à touffes : bar fréquenté par des lesbiennes Gouine : lesbienne Turne : maison, logement
Charade 38 Version 1 Version 2	TARTISSOIRES Tard-Tisse-Seoir Tare-Tisse-Soir	Échappé de capote : individu contrefait, malbâti, rachitique… Luisarde : lune Téléphoner au pape : déféquer

Charade 39 Version 1 Version 2	GABELOU Gars-Bœufs-Loue Gars-Beuh-Loup	Mironton : individu quelconque Beuh : apocope de « beuhère », lui-même verlan de « herbe » Poiscaille : poisson
Charade 40 Version 1 Version 2	CROQUENOT Croc-Que-Nos Crocs-Queue-No	Mandrin : pénis Britiche : Britannique Pompe : chaussure
Charade 41 Version 1 Version 2	PERROQUET Pet-Roc-Et Pet-Roquet	Entrée de service : anus Clébard : chien
Charade 42 Version 1 Version 2	DÉCANILLER Déca-Nier Déca-Nier	Manger le morceau : avouer
Charade 43 Version 1 Version 2	SALSIFIS Salle-Si-Fi Sale-Si-Fi	Cradingue : sale Paname : Paris Paluche : main
Charade 44 Version 1 Version 2	CORGNOLON Cor-Gnôle-On Corniaud-Long	Clebs : chien Cravetouse : cravate

Chenille

N° 45

Superflic-Flicard-Carbure-Burma-Macchabée-Beretta-Tabasser-Cellule

☞ ***EN SAVOIR PLUS :***

1) Ce *poulardin* provient tout naturellement de la *poule*, la police.

3) Apocope de « carburant ».

4) Nestor Burma est le héros des *Nouveaux Mystères de Paris.*

6) Un *calibre* est, par métonymie, un revolver.

N° 46

Massicot-Colibar-Barreau-Rodéo-Occis-Cigare-Garrot-Rossignol

☞ ***EN SAVOIR PLUS :***

1) La guillotine a eu bien d'autres noms, comme le *coupe-cigare* du 6), la *bascule à Charlot* (du nom d'une dynastie de bourreaux), la *veuve*...

5) Outre son sens de « démolir », *dézinguer* a aussi celui de « tuer ».

6) L'*abbaye de Monte-à-Regret* désignait l'échafaud parce que, bien naturellement, on y montait sans plaisir.

8) On a pu dire de cette fausse clef qu'elle s'appelait *rossignol* parce qu'elle ne chantait que la nuit.

Bibliographie

Bernet (Charles), Rézeau (Pierre), *On va le dire comme ça : dictionnaire des expressions quotidiennes*, Balland, 2008.

Boudard (Alphonse), Étienne (Luc), *La Méthode à Mimile*, Éditions du Rocher, 1998.

Calvet (Louis-Jean), *L'Argot en 20 leçons*, Payot, 1993.

Caradec (François), Pouy (Jean-Bernard), *Dictionnaire du français argotique et populaire*, Larousse, 2009.

Cellard (Jacques), Rey (Alain), Dictionnaire du français non conventionnel, Hachette, 1991.

Colin (Jean-Paul), Mével (Jean-Pierre), Leclère (Christian), *Grand dictionnaire de l'argot et français populaire*, Larousse, 2010.

Doillon (Albert), *Dictionnaire de l'argot* (qui regroupe cinq ouvrages thématiques parus précédemment chez Fayard), Laffont, 2010.

Duneton (Claude), Claval (Sylvie), *Le Bouquet des expressions imagées*, Seuil, 1990.

Duneton (Claude), *La Puce à l'oreille*, Denoël, 2005.

Esnault (Gaston), *Dictionnaire historique des argots français*, Larousse, 1965.

Giraud (Robert), *L'Argot d'Eros*, La Table ronde, 2011.

Giraud (Robert), *L'Argot tel qu'on le parle*, Grancher, 1981.

Gordienne (Robert), *Dictionnaire argotique des trucs, des bidules et des machins*, Hors Commerce, 2004.

Goudailler (Jean-Pierre), *Comment tu tchatches ! : dictionnaire du français contemporain des cités*, Maisonneuve et Larose, 2001.

Le Breton (Auguste), *Argotez, argotez : il en restera toujours quelque chose*, Carrère, 1986.

Le Doran (Serge) [et al.], *Dictionnaire San-Antonio*, Fleuve noir, 1998.

Lemonier (Marc), *Petit dico d'argot*, City Éditions, 2008.

Merle (Pierre), *Nouveau dictionnaire de la langue verte*, Denoël, 2007.

Normand (Philippe), *Langue de keufs sauce piquante : l'argot des flics et des voyous*, Le Cherche-Midi, 2014.

Perret (P.), *Le Petit Perret illustré par l'exemple*, Plon, 1995.

Pierron (Agnès), *Dictionnaire des mots du sexe*, Balland, 2010.

Ratafia (Marcelle), Ardis (Lulu d'), *L'ABC de l'argot, sans se fader le dico*, Le Chêne, 2017.

Rey (Alain), *Dictionnaire historique de la langue française*, Le Robert, 2016.

Sandry (Géo), Carrère (Marcel), *Dictionnaire de l'argot moderne*, Dauphin, 1999.

Simonin (Albert), *Le Petit Simonin illustré par l'exemple*, Gallimard, 1968.

Tengour (Abdelkarim), *Tout l'argot des banlieues*, Éditions de l'Opportun, 2013.

Vincenti (Aurore), *Les Mots du bitume, préface d'Alain Rey*, Le Robert, 2018.

Quelques sites utiles

http://www.languefrancaise.net/bob (incontournable)
http://argotique.fracademic.com/
http://www.dictionnairedelazone.fr/
http://www.lerobert.com/le-grand-robert/
http://www.cnrtl.fr
http://www.expressio.fr
http://www.linternaute.com/expression/

Imprimé en France par DUPLIPRINT
733, rue Saint-Léonard, 53100 MAYENNE
N° 2971143H - Dépôt légal : mars 2022
ISBN : 9782380152432